현재의 역사가
미셸 푸코

KB199941

현재의 역사가
미셸 푸코

사라 밀스 지음 l 임경규 옮김

앨피
book

푸코, 현재의 심장을 겨누다

현재의 존재론

"현재의 심장을 겨누다Taking Aim at the Heart of the Present."

1984년 57세라는 비교적 이른 나이에 푸코가 사망했을 때, 철학자 위르겐 하버마스는 짧은 헌사를 바치며 필생에 걸친 푸코의 작업을 이렇게 정리했다. 이 글에서 하버마스는 사망하기 얼마 전 푸코가 마지막으로 했던 칸트 관련 강연을 살펴보는데, 특히 푸코의 철학 작업 속에 내재되어 있는 모순에 대한 지적은 푸코를 이해하는 데 많은 시사점을 던져준다.

당시 푸코가 준비했던 강연의 주된 관심사는 칸트의 짧은 논문 「질문에 답하여 : 계몽이란 무엇인가?」였다. 이 글에서 푸코는 헤겔, 니체, 막스 베버, 호르크하이머와 아도르노로 이어지는 현대 비판철학 전통의 모태가 칸트에게 있음을 발견한다. 비판철학의 창시자로서의 칸트는 푸코가 『말과 사물』에서 묘사했던 칸트의 모습과는 사뭇 다른 것이었다.

『말과 사물』에서 제시된 칸트는 인간 지각 능력의 한계가 인류의 무한한 진보를 위한 초월적 전제 조건이라고 주장하여, 근대 인간중심적 지식 체계의 발전에 물꼬를 튼 전통적 형이상학자이다. 인간 지각 능력의 한계에 대한 분석은 궁극적으로 인간의 "앎의 의지will to knowledge"의 발견이었으며, 그로 인해 발전한 인문과학sciences of man은 푸코가 수행한 근대성 비판의 핵심인 '훈육 권력disciplinary power'의 토대를 이루고 있음은 재론의 여지가 없을 것이다.

따라서 초기 푸코가 상상했던 칸트는 기껏해야 냉소의 대상에 불과했을지도 모른다. 그러나 말년의 푸코는 계몽과 프랑스 혁명의 문제를 숙고하는 칸트의 모습 속에서 현실 비판적 충동을 읽어 낸다. 계몽의 현실적 의미에 대한 탐색은 궁극적으로 철학과 당대의 현실을 밀착시키는 계기가 되었으며, 이를 통해 칸트는 철학을 진리와 영원성의 영역에서 구출해 내어 지금 우리가 살고 있는 현재 속으로 끌어들일 수 있었다. 푸코는 이를 다음과 같이 요약한다. "칸트가 이런 질문(계몽이란 무엇인가?)을 던진 이래 철학은 논증과 사변의 오랜 전통과 결별하였다. 그 대신 철학은 역사상 최초로 인간 공동체의 운명에 깊숙이 관련되는 행위로 자신을 인식하게 되었다."

즉, 말년의 푸코에게 칸트는 철학을 비판적 도구로 변모시키고, 이를 통해 당대의 현실적인 문제의 핵심에 화살을 겨눈 최초의 철학자였던 것이다.

강연의 말미에서 푸코는 앞서 자신이 발견한 이 전혀 다른 두 명의 칸트와 그로 인해 발전한 두 개의 철학적 전통을 구별한다. 지각 능력의 한계에 던진 칸트의 인식론적 질문은 진리 혹은 지식의 보편적 토대에 대한 질문으로 이는 '진리 분석'의 전통에 속한다. 반면, "계몽이란 무엇인가?"라는 질문은 '현재의 존재론ontology of actuality'에 대한 탐구로서, 사회적 현실의 도전에 정면으로 대응하려는 비판 철학(특히 프랑크푸르트 학파) 전통의 시발점이다. 푸코는 현재 우리에게 주어진 선택은 바로 이 두 가지 길이라고 주장한다. 즉, "진리의 분석이냐, 아니면 우리 자신의 존재론 혹은 현재의 존재론의 형태를 취하는 비판적 사고"의 길이냐 하는 것이다. 그리고 강연의 마지막 문장에서 푸코는 기꺼이 후자의 길을 선택하며 계몽사상 속에 내포된 비판적 충동을 재평가하고자 한다.

「질문에 답하여 : 계몽이란 무엇인가?」라는 칸트의 글이 발표된 지 200년이 지난 시점에서 푸코는 자신을 칸트에서 아도르노로 이어지는 비판철학의 전통 속에 위치시킴으로써, 예전에 칸트가 쏜 화살을 다시 빼어 들고 지금 여기 우리가 살고 있는 현재의 심장을 겨누고자 했던 것이다.

물론 현재에 대한 푸코의 관심이 결코 새로운 것은 아니다. 사실이 마지막 강연을 준비하기 훨씬 이전부터 푸코는 '현재의 역사'를 쓰는 것을 학문적 목표로 정의했다. 초기의 저작 『광기의 역사』에서 후기의 『성의 역사』에 이르기까지 20여 년간에 걸쳐 이루어진 대부분의 고고학적·계보학적 작업은 바로 이런 목적을 근저에 깔고 있다고 할 수 있다. 왜냐하면 현대 문화의 씨줄과 날줄을 형성하는 중요한 실천적 관행들과 담론의 밑바탕을 발견하려면, 현재를 역사적 원근법 속에 올려놓고 낯선 눈으로 바라볼 필요가 있기 때문이다.

위대한 사상가의 생산적 모순

그럼에도 불구하고 푸코의 마지막 선택은 후세의 학자들에게 많은 논란거리를 제공한다. 하버마스 역시 푸코의 이 마지막 철학적 기획에서 거대한 모순을 발견한다. 우리가 모두 알고 있듯이, 푸코는 근대의 권력 구조와 지식 생산 방식, 다시 말해서 계몽주의의 유산에 대해 철저하면서도 끈질기게 비판적 자세를 취했던 사상가이다. 그런 그가 어느 날 갑자기 근대성의 중추를 이루는 계몽주의 전통 속에서 자신의 사상적 정체성을 찾으려 한다는 것 자체가 여간 어색한일이 아니었기 때문이다.

그런데 하버마스는 바로 이 모순이 푸코를 우리 시대의 가장 영향력 있는 철학자 중 한 사람으로 만든 생산적 모순, 오로지 위대한 사상가만이 누릴 수 있는 교훈적 모순이라고 주장한다. 그리고 다음과 같이 끝을 맺는다. "〔푸코는〕 자신의 권력 비판을 '진리 분석'과 병치시킨다. 그 결과, 권력에 대한 비판은 자신만의 규범적 판단 기준을 상실하고 진리 분석의 잣대에 의존하게 되었다. 아마도 이런 모순의 강력한 힘이 푸코를 그의 마지막 문장 속에 가두고는, 다시금 그를 스스로 폭파시킬 수 있으리라 생각한 근대성의 철학적 담론 속으로 끌어들이는 듯하다."

즉, 푸코는 스스로 프랑크푸르트 학파의 일원이 되길 선택함으로써 자신이 행했던 이전의 작업이 진리 분석의 잣대로 해체되도록 만들어 버렸다고 할 수 있다. 결국 그는 자신이 폭파하려 한 근대성 담론의 출발점으로 되돌아간 것이다. 푸코는 '근대'의 기원으로 돌아가 '현재의 역사'를 새롭게 쓰고자 했던 것은 아닐까?

어쨌든 하버마스가 제시하듯, 푸코의 이론적 작업 속에 내재하는 모순들을 단순히 논리적 오류로 받아들이기보다는 그의 사상을 풍부하게 만드는 생산적 모순으로 이해할 필요가 있다. 왜냐하면 푸코의 사상은 하나의 매끈한 이론적 체계가 아니기 때문이다. 즉, 그의 이론은 하나가 아닌 여러 개였으며 그 각각의 이론이 상호 조화를 이루기보다는 모순과 갈등으로 점철된 담론 덩어리라고 할 수 있다. 예컨대, 그는 복잡한 담론의 그물망 속에서 '질서'를 찾아내려고 한 구조주의자였으며, 그 구조의 중심을 해체하고자 한 탈구조주의자이기도 했다. 폭력과 억압에 항거했던 투사였으나, 프랑스 공산당의 논리에는 반대했던 반마르크스주의자였다. 온갖 도서관의 구석구석을 헤매 다니며 자료를 수집한 열정적인 역사가이면서, 동시에 실증주의적 역사관과 진보론적 역사관을 쓰레기통 속에 처박아 버린 반역사가였다. 또한 현재의 모순을 치열하게 분석한 비판이론가였으나, 그 어떤 유토피아적 대안도 제시하길 거부한 무정부주의자이기도 했다. 이런 의미에서 푸코는 의도적으로 자신의 이론 속에 내적 균열과 모순을 만들어 내고 그 균열점을 통하여 상호 모순된 이론적 입장들이 서로를 비판적으로 해체하도록 만드는 전략을 취한다고 볼 수 있다.

푸코와 '푸코-기능'

이 책의 저자인 밀스 역시 푸코의 사상 속에 내재된 모순들을 감추고 균열을 봉합시키려 하기보다는 오히려 그런 균열과 단점들을 적극적으로 드러내고자 시도한다. 이런 전략은 푸코의 전통적 '저자 author' 개념에 대한 비판을 수용한 것이기도 하다. 한 사람의 평생 저작을 일관된 논리로 설명하려 시도하거나 발전론적 내러티브 속에 끼워 맞추는 것은, 푸코에게 총체화의 오류이며 그 자체로 텍스트에 대한 폭력이었다. 비록 한 사람의 저자가 생산한 것일지라도 각각의 저작들은 서로 상이한 담론의 그물망 속에 존재하며, 그 사이의 간극은 쉽사리 화해될 수 없는 까닭이다. 따라서 생물학적 저자가 동일하다고 해서 모든 책이 한 사람의 이름 하에 유기적으로 묶일 수는 없는 것이다.

이 문제를 해결하고자 푸코는 '저자 기능author-function'이라는 개념을 도입한다. 이제 저자는 자신의 모든 텍스트에 의미와 총체성을 부여하는 실질적 주인이 아니다. 저자는 단지 저자의 자리에 이름이 올라가 있는 기능적인 지위만을 부여받을 뿐이다. 따라서 저자는 자신의 모든 작품에 논리적·개념적 통일성을 부여하는 절대적 기표가 아닌 순수 기능적 기표가 된다. 기능적 기표로서의 저자는 자신의 텍스트들 사이에 존재하는 모순과 차이를 화해시키고 통제할 수 있는 권위를 갖지 못한다. 그 역시 자신이 쓴 글의 독자일 뿐이다. 이렇게 저자에게서 해방된 텍스트 속에서 우리는 차이와 모순들의 거친 함성을 듣게 된다.

바로 이런 맥락에서 이 책은 다른 푸코 해설서와 달리 초기 저작에서 시작하여 후기 저작에 이르기까지 푸코의 사상적 전개를 발전론적 관점에서 설명하지 않는다. 따라서 이 책에서 사용되고 있는 '푸코'라는 이름 역시 하나의 거대한 이론을 창시한 한 사람의 철학자를 지칭한다기보다는, 여러 모순적이고 상이한 이론적 담론들을 느슨하게 묶어 주는 기능적 기표, 즉 '푸코-기능'에 가깝다고 할 수 있다.

푸코를 푸코에 대립시키다

저자로서의 푸코를 괄호 속에 가두는 대신 이 책은 광기, 권력, 주체, 섹슈얼리티와 같은 푸코의 핵심 개념들을 비교적 느슨한 연결고리로 엮어 나열한다. 또한 각 개념에 대한 설명은 그 어느 책보다 쉽지만, 이를 설명하는 데 푸코의 말을 교조주의적으로 반복하거나 그의 텍스트에 필요 이상의 권위를 부여하지도 않는다. 오히려 푸코가 특정 개념을 사용하는 방식과 그의 이론을 적용하거나 비판하는 이론가들의 주장을 병치시킨다. 이로 인하여 푸코의 원래 개념이 수정되거나 비판의 대상이 되기도 한다.

각 장의 배열 방식 역시 논리적 연속성을 강조하기보다는 모순을 드러내고자 한다. 예를 들어, 5장에서는 섹슈얼리티 문제와 권력의 문제를 이야기하며 권력이 지니는 생산적 성격과 각 개별 주체들이 사용할 수 있는 저항 방식을 논한다. 하지만 6장에서는 구조의 익명성과 몰개성적 성격에 대한 논의와 더불어 주체의 죽음을 이야기한다. 예컨대 동성애자들의 문화 속에서 나타나는 저항적 동일시와 이를 통한 개인적·집단적 자유 공간의 창출 가능성에 대한 이야기는 그다음 장에서 펼쳐지는 주체의 죽음을 목도하며, 이를 통해 저항의 가능성과 권력 구조 사이의 모순이 극대화된다. 이는 푸코를 푸코에 대립시키는 방식이라 할 수 있다. 즉, 주체와 권력과 저항의 문제에 대한 다양하고 근본적으로 상이한 푸코의 언술들을 나란히 배열함으로써 논리적 통일성보다는 모순과 균열을 강조한 것이다.

이 책의 저자는 각 개념 간, 각 장 간에 도사리고 있는 틈과 간극을 애써 메우지 않는다. 그 틈은 고스란히 여백으로 남아 있다. 대신 여러 이론가들의 다양한 목소리와 더불어 푸코의 각기 다른 모습을 경험할 수 있는 기회를 제공한다. 따라서 이 책을 읽으며 각각의 목소리들 사이의 간극을 스스로 채워 가는 것이 이 책을 읽는 재미이고, 또한 그 모순의 깊이를 헤아리는 것이 푸코를 읽는 즐거움이라 하겠다.

2008년 10월
임경규

차 례

13

왜 푸코인가?

Michel Foucault

극단의 회의와 모순의 사상가

미셸 푸코Michel Foucault(1926~1984)는 비판 이론 영역에서 가장 중요한 인물 중 한 사람이다. 그의 이론은 대개 "권력," "지식," "담론"이라는 개념에 바탕하고 있으며, 그의 영향력은 포스트구조주의, 포스트모더니즘, 페미니즘, 포스트마르크스주의, 탈식민주의와 같은 최근 이론의 영역에서 분명하게 드러난다. 그의 이론적 작업이 가져온 충격은 사회학과 문화인류학에서부터 영문학과 역사학에 이르기까지 광범위한 분야에 걸쳐 나타난다. 그러나 푸코의 이론이 가지는 파괴적이며 도전적인 성격은 그의 사상이 세인들에게 쉽사리 수용될 수 없었음을 의미하기도 한다. 그의 사상은 그가 핵심적 사상가로 부상하기 시작한 1960,1970년대에서 현재에 이르기까지 뜨거우면서도 생산적인 논쟁을 촉발시켜 왔다.

『광기의 역사*Madness and Civilisation*』(1961)와 『감시와 처벌*Discipline and Punish*』(1975)과 같은 책에서 드러난 푸코의 작업은 사회 상황에 대한 역사적 분석이라고 할 수 있다. 예를 들어 『광기의 역사』는 광기와 이성이 분리되는 과정을 분석하고 있으며, 『감시와 처벌』은 사회적 범죄자들을 처벌하는 방식의 변화 과정을 추적한다. 하지만 그의 작업은 단순한 사회 상황에 대한 분석에 그치지 않는다. 이런 역사적 분석과 더불어 그는 사회 현상 분석의 방법론적 토대에 관한 분석도 아울러 수행했다. 즉, 그는 방법론이 분석 결과의 상당 부분을 결정한다고 생각했기 때문에, 사회 상황 분석을 수행할 경우 반드시 분석하는 대상을 바라보는 방법론적 관점을 분석해야 한다고 주장한다. 따라서 그의 작업은, 예를 들자면, 광기와 이성 사이의 차이점에 대한 분석뿐만 아니라, 우리가 광기를 생각하는 방식과 각 사회가 광기와 이성의 개념적 구별을 효율적으로 관리하고 유지하기 위해 행하는 모든 수단까지도 분석한다.

단순 명료한 정치적 분석을 제공하지 않았기 때문에 푸코의 작업은 많은 사람들을 불편하게 만들어 온 것이 사실이다. 어떤 측면에서 보면, 그는 해방의 정치학으로 나아가는 것처럼 보이기도 하지만, 동시에 그런 정치적 입장이 가지는 모든 가능성을 폄하하기도 한다. 이런 경향에 대해 찰스 테일러Charles Taylor는 이렇게 설명한다.

푸코의 가장 흥미 있는 역사적 분석의 몇몇 부분은 아주 독창적이면서도 기존의 친숙한 비판적 사고와 궤를 같이하는 것처럼 보인다. 즉, 푸코의 분석은 지금까지 일어난 일에 대한, 그리고 지금까지 우리가 만들어 온 우리의 모습에 대한 통찰을 제공해 준다. 그리고 이런 통찰은 사회적 비판과 동시에 역사적으로 현실화되지 못하거나 억압되어 왔던 선善의 개념을 제공함으로써 우리가 어떻게 그 선을 억압의 영역에서 구출해 낼 수 있는지를 이해하도록 도와준다. 그럼에도 불구하고 푸코 자신은 이런 긍정적 가능성을 부정한다. 혹여 우리가 푸코의 분석을 이해하고 그 결과로 우리가 긍정할 수 있는 어떤 종류의 선이 존재할 수도 있다는 희망을 가지고 있다고 하더라도, 푸코는 그런 희망마저도 폭파시켜 버리고 만다.

게다가 그는 그런 탈출구의 존재 자체를 근본적으로 의심한다. 이는 다소 역설적이라고 할 수 있다. 왜냐하면 푸코의 분석은 악惡을 밝혀내는 데 주력하지만, 동시에 자신의 분석이 필연적으로 수반하게 될 결과, 다시 말해서 이 악을 부정하고 극복하는 것이 선을 증진시킬 수 있을 것이라는 희망과 스스로 거리를 두고자 하기 때문이다.(Taylor 1986 : 69)

푸코의 비판적 분석 대상은 여러 가지를 포괄하는데, 예를 들자면 『감시와 처벌』에서는 사회가 처벌을 시행하는 방식의 차이점들을 분석하고, 『성의 역사 : 제1권*History of Sexuality, Vol. I*』(1976)에서는 19세기에 히스테리를 앓았던 여성들을 범주화하는 방식을, 『성의 역사 : 제2권*History of Sexuality, Vol. II*』(1984)에서는 특정 시기 특정 사회에 동성애가 어떤 방식으로 비추어지는지를 비판적으로 조명한다. 그가 보여 주는 이런 비판적 분석으로 인하여 우리는 푸코가 철저한 비판의식과 함께 잘 짜인 정치 선언문을 가지고 사회적 변화를 이끌어 내고자 분석에 임하고 있다고 가정할 수도 있다. 하지만 푸코의 분석은 단순한 비판적 입장을 제공하지만은 않는다. 혹여 그 속에서 분명한 정치적 사명을 찾을 수 있지 않을까 하는 순진한 희망을 가지고 그의 이론에 접근하는 사람은 곧 실망하고 말 것이다. 왜냐하면 푸코는 우리에게 답을 제시하는 대신에 거꾸로 우리 자신이 가지고 있는 정치적 입장의 신뢰성을 더 철저하게 반성해 보라고 요구하기 때문이다.

이외에도 푸코의 이론 속에는 많은 모순점이 존재한다. 그렇다고 해서 푸코를 위대한 사상가의 반열 위에 올려놓고자 이런 모순을 최소화시키는 것이 이 책의 목적은 아님을 밝혀 둔다. 왜냐하면 어떤 이론가에게든 미래의 사상가들에게 모순으로 비칠 수 있는 요소가 존재한다는 가정 자체가 비판적 사고의 본질이라고 할 수 있는데, 이런 모순이 궁극적으로는 앞으로의 이론적 발전에 새로운 방향을 제공해 주기 때문이다. 사실 푸코 본인도 자신의 글 속에 내포되어 있는 모순을 충분히 인식하고 있었으며, 이런 모순을 좀 더 깊이 생각해 보고자 종종 그 문제점으로 돌아가기도 하였다. 1983년에 있었던 한 인터뷰에서, 푸코는 하나의 특정한 이론적 입장을 견지하지 않는 것이 자기 작업의 가치를 손상시킬 수 있다는 지적을 받자 다음과 같이 대답했다. "'글쎄요! 몇 년 전에는 이렇게 생각하시더니 이번에는 전혀 다르게 이야기하시네요.'라고 사람들이 말하면 저의 대답은 이렇습니다. '글쎄요! 그럼 당신은 제가 지난 몇 년간 열심히 연구해서 변함없이 똑같은 주장만 되풀이해야 한다고 생각하십니까?'"(Foucault 1988b : 14)

결국 푸코는 입장의 변화, 즉 자신의 과거 연구에 대한 성찰이 사상적 발전의 핵심적인 부분이라고 보았다고 할 수 있다. 그는 분명히 한 사람의 사상적 진보가 어린아이에서 어른으로 성장하는 것처럼 투명한 궤도를 따라 일직선 형태로 발전 향상되어야 한다고는 생각하지 않았다. 그에게 중요한 것은 오히려 자기 자신의 입장에 대하여 극단적으로 비판적인 태도를 취하며 한 가지 주제에 관해 최종적 "진리"에 도달했다고 주장하지 않는 것이었다.

"나는 어떤 도그마에도 집착하지 않는다"

가장 많은 논쟁과 생산적이면서도 비판적인 사고를 촉발시킨 것은 아마도 푸코의 이론 속에 내포되어 있는 이런 모순점이라고 할 수 있을 것이다. 예를 들어 3장에서 다루게 될 "담론discourse"이라는 용어에 대한 푸코의 정의는 상당히 복잡하고 모순적이기 때문에 많은 이론가들은 담론이라는 말을 사용할 때 상당히 신중을 기해야만 했고, "이데올로기ideology"라는 용어를 주로 사용했던 이론가들 역시 이데올로기와 담론 사이의 개념적 차이를 더 명확하게 설명해야만 했다. 그러나 푸코의 작업을 담론에만 한정시킬 수만은 없다. 오히려 많은 학자들의 관심을 이끌어 냈던 것은 다양한 주제들에 대해 광범위하게 펼쳐지는 푸코의 수평적 사고lateral thinking라고 할 수 있다. 특히 여러 정치적·문화적 제도들의 구조적 특징과 기능들에 대한 고찰과 아울러 지식, 이성, 광기, 훈육discipline, 섹슈얼리티 등과 같은 개념들이 사회제도 혹은 사회 전체 속에서 어떻게 유지되고 통용되는지에 대한 푸코의 고찰은 다양한 이론적 반향을 불러일으켰다. 그는 전통적인 학문 분과 사이의 경계를 철저하게 무너뜨렸으며, 동시에 자신이 철학이나 역사와 같은 하나의 학문 분과에 고착되는 것을 거부하였다. 그런 까닭에 1983년 인터뷰에서 다음과 같이 주장한다. "프랑스에서는 누구든 철학자로서 마르크스주의자나 현상학자 혹은 구조주의자가 되어야만 한다. 하지만 나는 그 어떤 도그마에도 집착하지 않는다."(Foucault 1988b : 8)

지금까지 아무런 문제없이 이어져 온 학문적 경계선을 억압적 도그마라고 칭하는 것은 어쩌면 상당히 통쾌한 일이 될 수도 있다. 특히나 한 가지 이론적 입장을 취하는 것이 일련의 신념 체계를 무비판적으로 받아들일 것을 요구하는 종교나 정치집단에 가입하는 것처럼 여겨지는 사람들에게는 푸코의 일갈이 더할 나위 없는 해방구가 될 수도 있다. 하지만 이것은 사실 푸코가 지나치게 과장한 것이다. 왜냐하면 이런 정치적·이론적 입장들이 억압적 도그마라기보다는 오히려 창조적이고 비판적인 사고를 위한 생산적 틀이 될 수도 있기 때문이다. 그럼에도 불구하고 전통적인 학문적 경계선을 넘나들며 이를 무너뜨리고자 했던 푸코의 시도는 철학이나 역사와 같은 한 가지 학문적 틀 내에서만 무엇인가를 해야 한다는 고루한 생각에 염증을 느끼던 많은 사람들에게 탈출구를 제공한 것은 사실이다.

푸코는 또한 광범위한 독자들의 호응을 이끌어냈는데, 그 이유는 바로 그가 주체나 경제와 같은 개념들을 사용하지 않고 사회현상을 이론화했기 때문이다. "주체Subject"와 "경제economic"는 정신분석학과 마르크스주의, 유물론적 사고의 핵심적 토대를 이루는 용어로서 푸코가 글을 쓰던 당시에 인문학 전반을 지배했던 개념이라 할 수 있다. 주체나 경제 혹은 여성과 남성과 같은 개념들에 의존하는 것을 많은 이론가들은 본질주의적인 것으로 이해했다. 여기에서 본질주의essentialism란 어떤 개념이나 차이들이 그 자체로 근본적 토대를 가지고 있다는 생각으로, 예를 들면 남성과 여성, 혹은 흑인과 백인 사이에 본질적 차이가 존재한다는 믿음이다. 푸코는 주체 개념을 탈피하고자 노력했는데, 이는 그가 개인을 통하여 인간 사회 전체를 분석하고자 시도하지 않았음을 의미한다.

그는 또한 생산수단의 소유권이나 자본의 축적이 그 어떤 분석에

푸코가 안겨 준 통쾌함

"프랑스에서는 누구든 철학자로서 마르크스주의자나 현상학자 혹은 구조주의자
가 되어야만 한다. 하지만 나는 그 어떤 도그마에도 집착하지 않는다."

전통적인 학문적 경계선을 넘나들며 이를 무너뜨리고자 했던 푸코의 시도는 철
학이나 역사와 같은 한 가지 학문적 틀 내에서만 무엇인가를 해야 한다는 고루
한 생각에 염증을 느끼던 많은 사람들에게 탈출구를 제공했다.

서도 가장 중요한 요소가 될 수 없다고 생각했기 때문에 "경제"라는 전통적인 마르크스주의 개념에서도 벗어나고자 한다. 그렇다고 해서 그가 사회를 조직화하는 데 주체와 경제가 중요하지 않다고 주장하는 것은 아니다. 다만 사회를 분석하면서 항구적인 것이라 여겨지는 어떤 특수한 한 가지 요소로 모든 것을 환원시키지 않으려고 노력했다고 할 수 있다. 그는 이전의 다른 이론적 작업들에서 중요한 역할을 해 온 개념들에 의존하지 않고 사회를 분석하려고 시도한다. 푸코에게 주체와 경제와 같은 개념은 겉으로는 자명한 본질처럼 보일지라도 실제로는 상대적으로 불안정한 (혹은 변화할 수 있는) 개념들에 불과하다. 그는 주체와 경제와 같은 개념들도 시간의 흐름에 따라 변화해 왔다고 주장한다. 즉, 우리가 사용하는 개념은 모두 그 나름의 역사를 가지고 있고, 그 개념을 사용하게 된 분명한 역사적 계기가 존재하며, 따라서 우리는 그 의미를 끊임없이 추궁해야 한다는 것이다.

자명한 진리를 뒤집는 호기심

아마도 푸코의 작업에서 가장 흥미롭고 가장 일관된 태도는 회의주의라고 할 수 있다. 어떤 의미에서 푸코의 본원적 회의주의는 1960,70년대에 팽배했던 더 일반적인 철학적·정치적 경향의 일부분이라고 할 수 있는데, 이런 경향 속에서 그동안 상식으로 여겨져 온 많은 것들이 이데올로기적인 것으로 평가되기 시작했다. 루이 알튀세 Louis Althusser(1918~1990)와 같은 당시의 마르크스주의 이론가는 일상생활에서 자주 접할 수 있는 개념이나 행동 방식을 비판적으로 분석했는데, 푸코는 이런 종류의 분석 방식을 인문학 일반으로까지 확대시켰으며, 특히 그동안 아무런 의심 없이 일반적으로 사용되던 문화 분석 방법론을 비판적으로 성찰하는 데 집중하였다. 그의 연구 성과 중에서 특히 많은 이들의 호응을 이끌어 냈던 부분은 선禪 수행을 하듯 모든 가능성의 극단까지 밀어붙임으로써 우리 사고의 이론적 틀 속에 내재하는 모든 친숙한 요소와 개념에 도전하는 것이다.

이런 회의주의와 함께 푸코의 이론적 작업을 특징짓는 것이 바로 독특한 수평적 사고이다. 즉, 기존의 상식이나 관념 체계에 의존하지 않고 자유롭게 사고하는 것이다. 이런 사고방식은 종종 상식으로 통용되던 지식을 통렬한 방식으로 비판하거나 뒤집기도 한다. 따라서 알튀세와 같은 많은 마르크스주의자 비평가와 마찬가지로 푸코는 모든 이들이 자명한 진리라고 생각하는 것들을 문제시한다.(Althusser 1984)

그런 까닭에 『광기의 역사』(1967)에서 푸코는 미친 사람들이 자신이나 타인을 해하지 않도록 혹은 그들을 치료하기 위해 이들을 감금해야 한다는 상식적인 관점을 그대로 수용하지 않는다. 대신에 광기라는 개념이 이성이라는 개념을 구성하는 데 수행했던 역할과 그 방식에 초점을 맞춘다. 또한 『성의 역사 : 제1권』(1976)에서 푸코는 영국 빅토리아조 시대에 행해졌던 성적性的 억압으로 인해 성적 표현과 관련된 문제에 침묵할 수밖에 없었다는 일반적인 견해를 넘어서서, 그러한 억압이 거꾸로 성 담론의 확산을 가져왔고 궁극적으로는 "성을 담론으로 변화"시켰음을 보여 준다.(Foucault 1986b)

그리고 마지막으로 『지식의 고고학*The Archaelogy of Knowledge*』(1972)에서는 언어가 현실reality을 반영한다는 상식을 뒤엎고, 거꾸로 담론이 우리가 지각하는 현실을 결정한다고 주장한다. 푸코가 보여 주는 이런 식의 뒤집어 생각하기는 복잡한 문제를 단순화시킨다는 비판을 받을 수도 있지만, 과거를 기존의 틀에 박힌 사고와 우리 자신의 욕망에서 해방시킬 수 있는 방법론적 틀을 제공했다고도 볼 수 있다. 푸코의 작업은 이렇듯 때로는 우리를 상당히 불편하게 만들기도 하지만 기존의 친숙했던 관점들에 대해 새로운 시각을 제공한다. 그러나 이것이 우리가 그저 침묵이나 지키고 있어야 함을 의미하지는 않는다. 오히려 이는 우리가 기존의 모든 확실성과 진리의 토대에서 해방되었을 때 취할 수 있는 사회 분석 방법의 유형을 일목요연하게 보여 주는 것이라 할 수 있다.

푸코의 작업에서 좀 더 애정이 가면서도 다른 사상가들의 이론에는 결여되어 있는 것 중 하나는 아마도 그의 호기심이라고 할 수 있다. 푸코를 공부해 본 사람이라면 누구든 그가 모든 사람이 당연하게 여기는 것을 의심할 수밖에 없는 사람임을 느끼게 된다. 푸코는 자신이 어떤 계기로 글을 쓰게 되었는지를 다음과 같이 설명한다.

어느 정도의 고집과 함께 작용할 만한 가치가 있는 것은 바로 …… 호기심, 그것도 아주 유일한 종류의 호기심이다. 이 호기심은 다른 사람들이 알 만한 것을 흡수하고자 하는 그런 종류의 호기심이 아닌 자기 자신에게서 해방시켜 줄 수 있는 호기심이다. 만약 지식에 대한 열정이 어떤 방식으로든 자기 자신에게서 멀어져 여기저기 떠돌아다니는 것이 아니라,

단지 일정 양의 지식을 습득하는 것에 그친다면 그 열정이 어떤 가치가 있겠는가? 인생을 살아가면서 계속해서 돌아보고 사유하고자 한다면, 내가 다른 사람과 달리 생각하고 또 달리 지각할 수 있는 능력이 있는지를 질문해야 할 시점이 있기 마련이다. (Foucault 1985 : 8)

우리가 우리 사회 속에서 자명한 이치라고 생각했던 것들을 바라볼 수 있는 좀 더 생산적인 방법을 찾아내도록 이끌었던 것은 바로 푸코의 어린아이와도 같은 충동, 즉 어려운 질문을 서슴없이 던지는 그의 호기심이었다.

'푸코 사용 설명서'

비판 이론을 공부하다 보면, 종종 특정 이론가들의 이론을 선택하여 그 사람의 사고에 우리를 맞추어 가고, 또 그 사람의 연구 성과에 의존하는 과정에서 자신을 마르크스주의자나 해체주의자와 같은 특정한 종류의 사람으로 규정지어야 할 경우가 있다. 따라서 어떤 이론가의 이론적 틀을 사용한다는 것은 단순히 그 사람의 사상에 관심이 있다는 정도의 문제가 아니라 자기 자신을 그 이론가를 통해 표현한다는 것을 의미한다. 1970년대 이후로 푸코의 사상은 많은 사람들에게 핵심 이론으로 채택되었으며, 특히 급진적 정치사상을 신봉하고자 했던 좌파 이론가들이나 자신을 전통의 파괴자로 규정짓고자 했던 사람들이 푸코의 이론을 사용하였다. 많은 이론가와 비평가들은 하나의 원칙이나 규범으로서 푸코의 사상을 사용하기보다는 한 가지 주제를 접근하는 방식으로 이용해 왔다. 이런 맥락에서 지리학자인 데니얼 클레이튼Daniel Clayton은 이렇게 주장한다. "당신이 글을 쓸 때 당신의 일부인 양 사용되지만 이름을 거의 언급하지 않게 되는 이론 가들이 있게 마련이다. 내게 그런 이론가가 바로 푸코이다."(Clayton 2000 : xiv)

푸코의 대중성에 기여한 또 다른 특징은 그가 하나의 완벽한 이론적 체계를 발전시키기보다는 체계화된 구조의 틀에 얽매이지 않고 사유하려고 노력했다는 사실이다. 그는 독자들이 자신의 책을 읽을 때 노예처럼 자신이 한 말을 졸졸 쫓아오지 말고 독자들 마음대로 이해하길 권고한다. 1975년 《르 몽드*Le Monde*》 신문과의 인터뷰에서 푸코는 이렇게 주장한다.

책이라는 것은 저자가 규정한 방식대로 읽혀지는 것은 아니다. 나의 책이 읽힐 수 있는 새롭고 그럴듯하면서도 예상치 못한 방식이 많이 있으면 있을수록, 나는 그만큼 더 행복해질 것이다. …… 내 모든 책들은 작은 도구 상자에 불과하다. 사람들이 그 도구 상자를 열어서 이 문장 저 문장을, 혹은 이 생각 저 생각을 드라이버나 스패너처럼 사용하여 회로를 고치거나 권력 구조를 해부하는 데 사용한다면, 특히 내 책이 의존하고 있는 원천 사상들까지 모두 나름대로 사용된다면 …… 그보다 좋은 것이 어디 있겠는가.(Focault, 재인용 Patton 1979 : 115)

푸코의 설명을 인용해 자신의 주장을 뒷받침하는 걸 좋아하는 사람들에게 이론에 대한 이런 방식의 접근법은 상당히 매력적일 수 있겠지만, 동시에 상당히 심각한 문제를 일으킬 수 있다는 것도 사실이다. 푸코의 책이 그 어떤 목적으로 사용될지라도, 또 그의 문장들이 문맥에 관계없이 독자들의 입맛에 맞는 주장을 이끌어내고자 임의적으로 인용된다고 할지라도 큰 문제가 없을지도 모른다. 그렇다고 해서 그의 이론적 작업이 특정한 사안에 대해 더 높은 단계의 이론적이고 추상적인 사고를 해 본 경험이 없는 일반 사람들의 주장과 별반 다를 것이 없다고 생각하는 것은 분명 오해이다. 마찬가지로 그의 글이 파시즘을 정당화하거나 유대인 대학살이라는 역사적 사실 자체를 부정하는 데 사용되지 말라는 법도 없다.

푸코의 이론이 가지는 복잡하고 모순적인 성격이 내포하는 바는 푸코를 '사용'하는 데 단순함을 경계해야 한다는 것이다. 그리고 이 책의 결론에서 더 자세하게 논의되겠지만 푸코를 '적용'할 때도 역시 조심해야 한다. 그의 이론이 갖는 한 가지 잠재적인 문제는 그가 굉장히 남성 중심적인 사상가라는 사실이다. 이 남성중심주의의 문제는 그의 분석 작업에 단순하게 여성을 끼워 넣는다고 해서 해결될 수 있는 성질의 것이 아니다. 만일 그의 이런 경향을 분석하고자 한다면 남성 중심적 사고가 어떻게 그의 이론적 통찰을 약화시킬 수 있는지를 그 뿌리부터 깊이 반추해야만 한다. 따라서 그가 모든 이론적 문제에 대하여 우리가 원하는 대답을 해 줄 수 있으리라 기대해서는 안 된다. 푸코를 읽을 때 우리에게 필요한 자세는 그의 이론에 얽매이고 집착하기보다는 그의 글을 사고 수단으로 사용하는 것이며, 동시에 그의 단점과 이론적 맹점을 분명하게 인식하는 것이다.

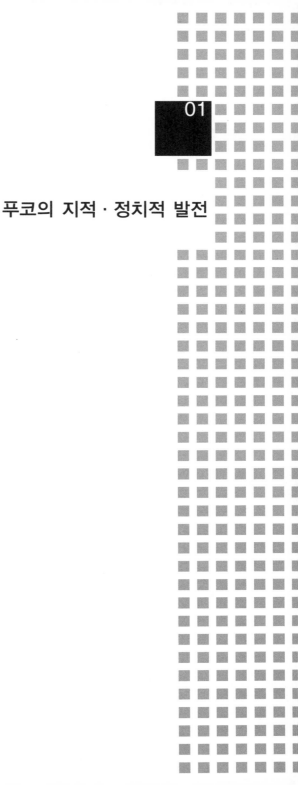

01

푸코의 지적 · 정치적 발전

Michel Foucault

미셸 푸코와 당대 프랑스의 삶

이 장에서는 푸코의 지적·정치적 발전 과정을 그의 젊은 시절 프랑스의 사회적 변화라고 하는 더 넓은 맥락에서 살펴보고자 한다. 그의 사상과 프랑스의 정치적·지적 환경 사이에는 흥미로운 변증법적 관계가 존재한다.

1968년 프랑스의 정치적 사건은 푸코의 사상에 결정적인 영향을 미쳤다. 푸코는 이 사건에서뿐만 아니라 그 당시의 이론적 작업에서도 중요한 역할을 수행하였다. 하지만 그의 이론적 텍스트를 이해하고자 그의 삶이라는 텍스트와 1968년 혁명의 역사를 함께 보는 것은 아마도 푸코 본인에게는 상당히 우스꽝스러운 일이 될 수도 있었을 것 같다. 그의 논문 「저자란 무엇인가?What is an author?」에서, 푸코는 다음과 같이 주장한다. "비평 작업은 작품과 저자의 관계를 밝혀내는 것이라기보다는, 작품을 구조, 구성, 내적 형식, 내적 관계의 상호 작용을 통하여 분석하는 것이다."(Foucault 1986a : 102)

그러나 푸코 자신은 어떤 주제에 초점을 맞출 때 그 주제가 특별히 흥미 있어서가 아니라 자신의 사적인 경험과 공명하는 부분이 있기 때문이라고 말하기도 했다. "내가 어떤 이론적 작업을 수행할 때마다 그것은 언제나 나의 경험에 밑바탕을 두었으며, 또한 내 주변에서 일어나고 있는 사건들과 관계가 있었다. 내가 글쓰기를 하는 것은 내가 목격한 현상 속에서, 내가 상대하고 있는 제도 속에서, 나와 타인과 균열과 침묵과 충격과 오류와의 관계 속에서 …… 내 삶의 편린을 발견할 수 있었기 때문이다."(Foucault, 재인용 Eribon 1991 : 28-29) 그러므로 여기에서는 푸코의 전기적 사실을 사용하더라도 미셸 푸코라는 사람이 소설 속의 완성된 인물인 양 구현하거나 "'심층적' 모티브와 '창조력' 혹은 '디자인'"과 같은 전통적인 주체 개념과 관련된 언어로 설명하지는 않을 것이다.(Foucault 1986a : 110)

다른 사람들에 의해 재구성된 푸코 삶의 세세한 부분에 초점을 맞출 경우, "그를 저자이게끔 만드는 삶의 여러 양상들은 결국 (약간의 심리학적 용어로 표현한다면) 우리가 텍스트에 가하게 되는 수술, 우리가 만들어 내는 연결점들, 우리가 중요하다고 믿는 특징들, 우리가 인지하게 되는 연속성들, 혹은 우리가 수행하는 배제 작업들과 같은 것을 투영시켜 만든 결과물에 지나지 않는 것이다."(Foucault 1986a : 110)

그럼에도 불구하고 '미셸 푸코의 삶'이라는 딱지를 붙인 일련의 전기적인 사실들과 사회·역사적인 사실들을 화석화시키지만 않는다면, 이런 것들을 사용하여 푸코의 작업에 대한 접근성을 높이고 더 잘 이해하도록 도와줄 수 있는 경우도 있다. 따라서 이번 장에서는 푸코의 삶에 있었던 여러 사건들과 텍스트의 특정한 구절 간의 단순한 인과관계를 설정하는 일은 가급적 피하고, 대신 푸코의 저작들이 당시 프랑스에서 발생했던 일련의 복잡한 지적·정치적 경향과 갈등에 대한 작용과 반작용에 뿌리를 두고 있음을 지적하고자 한다.

1968년 사건을 잘 모르는 상태에서 푸코의 저작을 접하는 사람들에게는 그의 이론이 거북하게 느껴지거나 이해하기 어려울 수도 있다. (예를 들어 푸코와 마르크스주의와의 관계나 그의 정치적 입장 혹은 동성애와의 관계 등이 여기에 속한다고 할 수 있다.) 당시 파리 지성인들이 처해 있던 사회적 맥락을 검토해 보면 푸코가 선택할 수 있는 행동 방식이나 사고방식이 제한되어 있었음을 알 수 있는데, 이 상황에서 그가 어떻게 사회적·정치적 현실과 타협하고 또 그에 도전할 수 있었는지를 가늠해 볼 수 있다. 어쨌든 먼저 푸코의 인생 여정을 간단하게나마 알아두는 것이 좋을 것이다.

1968년

푸코는 1926년 프랑스의 프아티에에서 태어났다. 그의 학문적 이력은 철학에 바탕을 두고 있으나, 철학 학위를 딴 후에는 심리학 공부를 하였으며 이후 병리심리학 학위를 따기도 했다. 그는 대학에서 철학과 심리학 강사로 일했으며, 해외에서 프랑스어와 문학을 가르치기도 했다. 1954에는 스웨덴의 우프살라에서, 1958년에는 폴란드의 바르샤바에서, 1959년에는 독일 함부르크에 있는 대학과 문화센터에서 강의를 했다. 또한 1959년에는 프랑스의 클레르몽 페랑 대학교 철학과 학과장으로 임용되었다. 1961년 그는 광기와 이성에 관한 박사 논문을 완성하여 '광기의 역사*Madness and Civilisation*'라는 제목으로 출판하였다. 이듬해 시인 레이몽 루셀Raymond Roussel의 작품에 관한 책을 출판했고, 1963년에는 『임상의학의 탄생*The Birth of the Clinic*』을 출판했다. 1966년 튀니지의 강단에 섰다가, 프랑스에 돌아와서 뱅센느 대학의 철학과 학과장을 역임하게 된다. 1969년『지식의 고고학*The Archaeology of Knowledge*』을 출판했고, 1970년에는 콜레주 드 프랑스College de France 의 사상사학과의 학과장이 되었다. 1975년에는『감시와 처벌』을 냈고, 이듬해에는 세 권으로 된『성의 역사』를 출판하기 시작하였다. 그가 세상을 떠난 것은 1984년이었다. 푸코가 다룬 광범위한 주제들이 암시하듯이, 그가 평생 벌인 작업을 한 마디로 요약하기는 힘들다. 그의 연구 방향은 당시의 지적·정치적 운동의 사회적 배경을 반영하기도 하지만, 동시에 일련의 사회적 변화 과정 속에서 의미 있는 역할을 수행하기도 하였다.

1960년대와 70년대는 푸코뿐만 아니라 유럽 전체의 좌파 지성인들에게 매우 중요한 시기였다. 따라서 푸코의 사상적 발전과 정치적 활동의 사회적 맥락을 이해하려면 1960년대 말부터 1970년대에 이르기까지 일어난 사건들을 조망해 보는 것이 필수적이라 하겠다. 또한 푸코의 사상적 맥락을 살펴보면 그가 당시 많은 사건에서 반권위주의적이면서도 급진적인 사상이 유포될 수 있는 통로로서의 역할을 수행했음을 알 수 있다. 마르크스주의 역사가인 크리스 하먼Chris Harman은 1968년을 일반 사람들이 생각하는 것처럼 단순하게 파리에서 학생 데모가 많이 일어났던 해라거나 '히피' 패션과 생활 방식이 유행하기 시작하던 해라고 생각해서는 안 된다고 강조한다. 대신에,

1968년은 최소한 세 개의 주요 국가 정부를 뒤흔든 혁명이 발생했고, 또 여타 다른 정부 밑에 살던 젊은이들에게 희망의 물결을 몰고 온 해였다. 세계 약소국의 농민 게릴라 전사들이 인류 역사상 가장 막강했던 강

대국에 맞서 봉기한 해였으며, 미국의 흑인이 비폭력 인권 운동가 마틴 루터 킹의 암살에 항의하며 궐기한 해였다. 독일을 둘로 나눈 세계 권력 집단에 항거하는 학생운동이 일어나 베를린에 세인들의 이목이 집중된 해였고, 미국 민주당 총회가 예비선거에서 낙선한 사람을 대통령 후보자로 지명하고자 최루탄과 곤봉을 동원한 해이기도 했다. 또한 체코 정부가 민중의 압박에 굴복했다는 이유로 러시아의 탱크가 프라하까지 밀고 들어가 새로운 '공산당' 정부를 수립한 해였으며, 멕시코 정부가 '평화적인' 올림픽 경기를 개최하고자 100여 명의 시위자를 학살한 해이고, 북아일랜드 데리와 벨파스트에서 일어난 반차별 운동이 북아일랜드 독립운동의 화약고에 불을 붙인 해였다. 무엇보다 이때는 역사상 최대의 총파업이 프랑스 전체를 마비시키고 프랑스 정부를 공포 속으로 몰아넣은 해였다.(Herman 1998 : vii)

칠레, 인도, 브라질, 팔레스타인과 같은 다른 여러 나라에서도 프랑스에서 일어난 일련의 사건들은 그 이후 시대에까지 심각한 정치적 영향을 미쳤다. 1968년을 이런 식으로 기술하는 것은 지나치게 마르크스주의적이고 국제주의적인 것처럼 보일지라도, 이 설명은 분명 1968년 사건이 전 세계적인 정치적 사상과 운동에 끼친 실제 영향을 반영하고 있다고 할 수 있다.

1960년대 초기 당시의 계급 체계나 정치권력에 반대하던 사람들 사이에서 반권위주의적 경향이 일어나고 있었는데, 이런 사상들은 많은 사람들에게 호응을 얻으며 퍼져 나가 결국 미국의 신제국주의적 해외 정책과 유럽과 미 대륙의 뿌리 깊은 인종주의에 대한 비판

담론에까지 스며들기 시작하였다. 이런 비판적 경향은 좀 더 세속적이지만 중요했던 우리 삶의 일상사들, 예를 들어 대학에서 누가 누구를 가르치는가, 집안에서 누가 설거지를 할 것인가 혹은 사적인 것과 정치적인 것의 구별점은 무엇인가 하는 것과 같은 문제에 대한 분석에서조차도 그 존재감을 느낄 수 있었다. 푸코는 이렇게 정치성의 정의가 확장되어 가는 현상을 중요하게 인식하고 1969년에 있었던 인터뷰에서 다음과 같이 진술한다. "정치성의 경계가 바뀌고 있으며, 이에 따라 정신병, 감금, 치료와 같은 주제도 정치적인 문제가 되었다."(Foucault, 재인용 Macey 1994 : 217)

프랑스 대학에서의 정치운동이 지니는 억압적 성격에 미미한 방식으로나마 항거했던 모든 사람들은 비트족이나 히피족들이 부르주아의 가치 체계와 물질주의를 공개적으로 거부하며 추구하고자 했던 지하문화sub-culture나 저항문화counter-culture의 일원으로 분류되었다. 또한 많은 반전운동이 일어났는데, 특히 미국의 베트남 공격에 반대하는 반전운동이 각지에서 벌어졌다. 푸코의 이론적 작업은 바로 이런 지적 · 정치적 운동을 배경으로 발전하였으며, 상식적인 범주, 가치, 정책, 행동양식 등에 대한 당시의 급진적 사상에 영향을 받았다. 푸코의 작업은 다수의 학생과 학자들의 지지를 받았다. 이는 푸코의 작업이 기존의 인습적인 사고와 행동양식을 문제시하는 급진적 사상을 명료하게 표현했을 뿐만 아니라 더 큰 정치적 질문의 핵심이었던 권력의 문제를 생각할 수 있는 틀을 제공해 주었기 때문이다.

푸코와 마르크스주의

비평가들을 귀찮게 만든 문제 중 하나가 바로 푸코의 정치적 입장에 관한 것이다. 이는 푸코의 여러 글들이 부분적으로나마 서로 모순되고 충돌한다는 사실에 기인한다. 1950년 푸코는 당시의 많은 지성인들이 그랬던 것처럼 프랑스 공산당에 가입했다. 하지만 그는 프랑스 공산당이 교조주의적 태도를 견지하며 1956년에 있었던 소련의 헝가리 침략을 지지하자 이에 실망하여 다른 지식인들과 함께 공산당을 탈당했다. 프랑스 공산당은 또한 동성애를 부르주아 문화의 찌꺼기로 규정하기도 했다. 푸코는 공산당을 떠난 이후 철저한 반공산주의자가 되었다.

푸코와 마르크스주의의 관계는 복잡한 면이 있는데, 특히 푸코가 적대적이고 비판적인 입장을 유지했던 프랑스 공산당과의 관계와는 구별해서 생각해야 한다. 사실 푸코는 "마르크스주의를 옥죄어 온 공산당의 도그마와 관련하여 마르크스의 짐을 덜어 주고 해방시켜야" 한다고 주장한다.(Foucault 1988c : 45) 푸코는 여러 차례에 걸쳐 자신이 마르크스주의 사상에 빚을 지고 있을 뿐만 아니라 사회구조를 결정하는 데 경제적 불평등의 역할과 권력관계에 대한 마르크스주의적 분석이 자신의 이론적 작업에 심대한 영향을 끼쳤음을 인정했다. 하지만 마르크스주의에 빚을 지고 있는 만큼 푸코는 마르크스주의의 많은 부분에 반론을 제기한다.

근본적으로 푸코가 마르크스주의와 거리를 두고자 하는 부분은 경제economic와 국가State 중심적 모델인데, 그는 권력이라는 말부터 재정립되어야 하며 국가의 역할과 경제적 층위의 기능 역시 근본적으로 수정해야 한다고 강조한다. 푸코의 입장은 아마도 마르크스주의와 타협하고 있다고 보는 것이 가장 타당할 것이다. 왜냐하면 마르크스주의를 1960년대와 70년대 프랑스의 복잡한 사회구조를 분석하는 데 적용하기에는 많은 문제점이 있었기 때문이다. 이와 관련하여 푸코는 이렇게 주장한다. "물고기가 물속에 살듯이, 마르크스주의는 19세기적 사고 속에서 존재한다. 즉, 마르크스주의가 19세기를 벗어나면 어디에서도 숨을 쉬지 못 한다."(Foucault 1970 : 274)

푸코의 정치 참여가 지닌 성격과 범위에 관해서는 학자들 사이에 많은 논쟁이 있었다. 푸코 자신은 하나의 고정된 정치적 입장을 취해야 할 필요성을 전혀 느끼지 못했던 것으로 보인다. 사실 고정된 정치적 입장을 갖는 것 자체가 공산당의 억압적 노선과 일맥상통하는 것이었기 때문이다. 이런 맥락에서 그는 이렇게 말한다. "사실 나는 정치라는 체스판에 존재하는 거의 대부분의 사각형 위에 서 있어본 것 같다. 때로는 사각형 하나씩을 옮겨 다니기도 하고 때로는 여러 입장에 동시에 서 보기도 했다. 나는 무정부주의자이기도 하고, 좌파이기도 하고, 껍데기 마르크스주의자이기도 하고, 명시적 혹은 비밀스런 반마르크스주의자이기도 하고, 드골주의에 봉사하는 관료이기도 하고, 신자유주의자이기도 하고 그 외 기타 등등이기도 하다. …… 이는 진실이다. 나는 하나의 고정된 정체성을 갖는 것을 좋아하지 않는다. 나는 다양한 방식으로 평가받고 분류되는 것이 즐겁다."(Foucault, 재인용 Macey 1994 : xix)

이런 회의주의적이고 탈정치적인 자세는 손쉬운 비판거리가 되어, 급진적인 사상을 그저 회의주의의 극단까지 끌고 간 것에 지나지 않는다는 비난을 받기도 한다. 왈쳐M. Walzer는 푸코의 정치적 활동을 "유아적 좌파infantile leftism"라고 규정짓는데, "이는 정치적 투쟁에서 어떤 급진적인 주장을 지지하기보다는 그보다 조금이라도 앞서나가 좀 더 급진적인 무엇인가를 만들어 내려 하는 것이다."(Walzer 1986 : 51) 바키Sandra Lee Bartky 역시 푸코가 취하고 있는 본질적으로 부정적인 측면에서의 비판적 입장을 비난하며, 그것은 차라리 염세주의에 가깝다고 주장한다.(Bartky, 재인용 Sawicki 1998 : 97) 그러나 푸코는 1968년 한 저널에 낸 논문에서 자신이 생각하는 진보적 정치학을 다른 형식의 정치학(예를 들어 마르크스주의 정치학)과 비교하여 설명한다.

진보적 정치학이란 한 가지 실천 속에 내재된 역사적이며 구체적인 조건들을 인식하는 정치성이다. 반면에 여타 다른 정치학은 단지 이상주의적 필연성과 단순 명료한 결정론과 개인의 자발적 참여의 자유로운 상호작용만을 중요시한다. 진보적 정치학은 실천 속에서 사회적 변화의 가능성을 모색하고 여러 형태의 변화들 사이의 상호 의존성을 살펴보는 반면에, 다른 정치학은 변화의 획일적 추상화나 마법과도 같은 천재의 출현에 의존한다.(Foucault, 재인용 Macey 1994 : 195)

푸코에게 정치학은 한 사람의 위대한 지도자가 미래에 대한 유토피아적 비전을 설파하고 그 추종자들이 그 신념을 수용하여 이를 중심으로 똘똘 뭉치는 것이 아니다. 푸코가 하고자 했던 것은 현실 내에서 사회적 변화의 가능성을 설명할 수 있는 정치학을 계발하고 발전시키는 것이다.

이런 진보적 정치학을 만들어 내려는 그의 시도를 통해 우리가 확신할 수 있는 것은 푸코가 절대 탈정치적인 사람이 아니라는 것이다. 오히려 푸코는 정치를 오로지 정당정치의 측면에서만 접근하려는 관점을 넘어서 더 넓은 관점으로 정치학을 보려했다고 할 수 있다. 실제로 푸코는 진보적 정치학의 성격에 지대한 관심이 있었고, 이를 바탕으로 다음과 같이 질문한다.

진보적 정치학은 …… 의미, 기원, 유권자와 같은 주제에 매달려 있는 것인가? 다시 말해서 진보적 정치학이 로고스의 무궁한 현존, 순수 주체의 주권, 태초의 이상향과 같은 뿌리 깊은 목적론과 같은 주제에 몰두해야만 하는가? 진보적 정치학이 그러한 분석 방법에 매몰되어 있어야 하는가 아니면 그 분석 방법 자체를 문제시해야 하는가? 또한 진보적 정치학이 역사적 변화라는 어려운 문제를 왜곡시키고 있는 모든 역학적 · 생물학적 · 진화론적 메타포에 매달려야 하는가, 아니면 반대로 그것들을 조심스럽게 해체해야 하는가? 한 걸음 더 나아가, 진보적 정치학은 담론이 사물이나 사고의 언저리에서 잠시 동안 반짝했다가 사라지고 마는 천박한 어떤 것 이상이라 생각하길 거부하는 것과 일맥상통하는 것은 아닌가?(Foucault 1991a : 64-65)

여기에서 푸코는 진보나 정치적 변화를 꾀하는 데 개인의 역할과 같은 기존의 문제적 가설들을 꼭 받아들이지 않더라도 추구할 수 있는 생산적 정치 활동의 토대를 구축하고자 시도했던 것으로 보인다. 역사적 · 정치적 변화 속에서 탈개인적 불연속성을 강조하는 이론가는 사회 변화의 모델을 설정하는 데 개인의 역할을 가볍게 보는 경우도 있다. 하지만 푸코는 정치적 변혁의 공간에서 개인의 역할을 절대적으로 부정하지 않는다. 다만 그가 강조하고자 하는 것은 인간이 "모든 변화를 가능하게 하는 보편적 주체"가 아니라는 사실이다. (Foucault 1991a : 70)

정치 분석을 통하여 푸코가 시도하고자 하는 바는 정치성의 추상적 개념에서 탈피하여 정치를 더 구체적인 행위와 상호 작용의 토대 위에 올려놓는 것이다. 그러나 이런 추상성에서의 탈피는 권력관계 작용의 분석을 더 복잡하게 만들었다. 푸코의 주장에 따르면, "'모든 것은 정치적이다'라고 말하는 것은 권력관계의 편재성, 즉 권력관계가 모든 정치적 영역에 내재되어 있음을 인식하는 것이다. 하지만 그것은 무한히 뒤엉켜 있는 실타래를 풀려고 애쓰는 것처럼 불가능한 일에 몰두하는 것과 같다."(Foucault 1979c : 72) 어떤 의미에서 푸코가 우리에게 촉구하는 것은 우리가 일상적으로 정치적인 것이라고 칭하는 것이 도대체 무슨 의미인지를 분석하는 것이다. 푸코가 재정초한 정치성의 의미에 따르면, "정치적 투쟁의 목표는 권력의 획득이 아니라, 권력(과 진리)의 경제학the economy of power 그 자체를 변화시키는 문제이다."(Patton 1979 : 143)

푸코의 현실 참여

많은 사람들은 푸코의 이론이 분명한 정치적 입장을 취함으로써 추구할 수 있는 가능성을 약화시켰다고 비난하면서도, 그가 1960년대와 1970년대 많은 정치적 활동에 참여했음을 부정하지는 않는다.(물론 여전히 푸코의 정치적 개입의 성격과 효율성을 의심하는 사람이 존재한다.) 1968년 말, 푸코는 새로운 실험적 학교이자 이후 학생운동의 온상이 된 뱅센느 대학의 철학과 학과장으로 임명되었다. 이곳에서 그는 사회 현실에 적극 개입하며 상당히 능동적인 역할을 담당했던 것으로 보인다. 푸코의 전기를 쓴 디디에 에리봉Didier Eribon에 따르면, "그가 전투적 공산주의자들과 일전을 벌일 태세로 손에 쇠파이프를 들고 있는 모습이 목격되었고, 경찰에 돌을 던지는 것도 목격되었다."(Eribon 1991 : 209)

1970년경 프랑스 교육부 장관은 많은 철학 과목들이 "마르크스-레닌주의"라는 제목을 담고 있다는 이유로 대학에서의 철학 교육을 힐난한 바 있다. 그 교육부 장관은 뱅센느 대학 출신 학생들이 중등 교사로 임용되는 것을 제한하려 했는데, 당시 철학과는 전통적인 형식의 시험을 치르지 않는다는 이유로 이런 비난을 감수해야만 했다. 뱅센느 대학교에서 2년간의 생활을 끝으로 푸코는 명문 콜레주 드 프랑스로 자리를 옮겼다.

푸코에게 사회 지도층 인사들과의 교분은 상당히 중요한 역할을 했다. 특히 1970년대에 '감옥 정보 모임Groupe d'Information sur les Prisons'의 설립 과정 속에서 그 의미가 더욱 두드러진다. 이 모임은 주로 지식인, 정치 운동가, 전수감자를 비롯하여 좌파에서 우파에 이르기까지 다양한 사람들로 구성되었는데, 주로 프랑스 교도소의 비인간적인 환경을 개선하는 데 관심을 가졌다. 푸코는 언론과의 간담회에서 특유의 재치로 다음과 같이 질문했다. "교도소가 넘쳐 난다고

들 한다. 하지만 넘쳐 나게 수감되고 있는 것이 사람들이라고 한다면 어떻게 되는가?"(Foucault, 재인용 Macey 1994 : 258)

푸코는 감옥의 구조를 바꾸고자 했는데, 이는 이전의 자유주의적 개혁론자들이 했던 것처럼 단순히 수감자를 위한 캠페인을 벌이는 것이 아니라, 수감자들을 위한 의사소통 채널을 확보해서 수감자들이 스스로 자신을 대변할 수 있도록 하려는 시도였다. 감옥 정보 모임은 시위를 조직하고, 수감자의 가족과 교도소 환경에 대해 토론하며, 수감자와 그 가족들에게 설문지를 돌려 그 결과를 출판하기도 했다. 1971년 푸코는 라 상테 감옥 주변에서 전단지를 돌리다가 체포되기도 했다. 수감자들이 어느 정도 조직화되자 이 모임은 활동을 중단했다.(처벌과 감금에 대한 푸코의 관심은 그의 저서 『감시와 처벌』과 『나, 피에르 리비에르I, Pierre Riviere, Having Killed My Mother, My Sister and My Brother』(1973)에 잘 나타나 있다. 특히 『나, 피에르 리비에르』는 자기 가족을 살해한 한 살인범의 '고백'을 담고 있다.)

이런 정치적 활동과 함께 푸코는 다양한 정치 캠페인을 직간접적으로 지지하였다. 예를 들어 1966년 튀니지에 있을 때는 파업을 하던 학생들에게 지지를 표시했으며, 1968년 당시에는 튀니지에 채류하고 있었지만 프랑스에서 일어난 일련의 사건들에 지대한 관심을 가지고 있었다. 1969년 뱅센느 대학에 교수로 초빙되어 프랑스에 돌아와서도 학생들의 대학 점거 농성에 연루되어 체포되기도 했고(Macey 1994 : 209), 1971년과 73년 사이 인종주의와 베트남 전쟁에 반대하는 대규모 집회에 참가했고, 갖가지 탄원서에 서명을 하기도 하였다. 1975년에는 스페인 정부가 바스크 독립운동 참여자 두 명을 처형하자 항의 대표단 일원으로 스페인을 방문했다가 다른 단원들과 함께 스페인 정부로부터 추방당하기도 하였다. 그는 또한 소련의 반체제 인사 탄압에 반대하는 캠페인과 폴란드의 반공산주의운동the Solidarity에 참여했으며, 이란 혁명에 대해서도 글을 썼다.(하지만 이 글은 불행하게도 잘못된 쪽을 편들기도 했다.)(Foucault 1988f) 푸코의 정치적 비판 활동의 대상은 권력자들이나 우파 세력에만 국한된 것은 아니었으며, 특히 프랑스 공산당을 탈당한 이후에는 극렬한 반공산주의자가 되었다.

동성애자

푸코는 섹슈얼리티 문제를 정치적으로 중요한 쟁점으로 여기고 동성애, 특히 고대 그리스 남성의 성생활에 대한 글을 쓰기도 했지만, 자신의 성에 대해서는 개방적이지 못하고 게이 인권운동에도 참여하지 않았다는 이유로 비판받았다.(Foucault 1978) 푸코가 자신의 동성애를 떳떳하게 밝히기를 꺼려한 것은 그렇게 놀랄 만한 일이 아니다. 왜냐하면 그는 동성애자라는 이유로 폴란드에서 쫓겨났으며, 성 정체성 문제로 고위직에 올라가지 못했기 때문이다.(Eribon 1991) 하지만 간과하지 말아야 할 것은 그가 1979년 파리에서 개최된 게이 총회에서 강연을 하였고, 1982년 토론토에서 개최된 "게이 프라이드Gay Pride"행진대회에 참여했다는 사실이다.

또 한 가지 주목해야 할 점은 그가 당시의 게이 문화에 적극 참여했을지라도(그는 생애 마지막 25년간 동성애의 남성 파트너였다.), 게이 문화의 특정 경향에 대해서는 매우 비판적인 태도를 보였다는 것이다. 그는 게이 문화가 "개인들 간의 새로운 관계 방식, 새로운 존재 방식, 새로운 소통 방식"을 창출할 수 있기를 기대했는데, "이 새로운 방식은 기존의 문화 형식과 같아서도 안 되고 또한 그 위에 군림해서도 안 된다. 만약 이것이 가능하다면, 게이 문화는 동성애자가 되려는 동성애자들의 선택만이 아니라, 특정 시점에서는 이성애heterosexual로까지 확산될 수 있는 사회적 관계의 형식을 창조해 낼 수 있을 것이다."(Foucault, 재인용 Macey 1994 : 367)

그는 에이즈와 연관된 병으로 1984년 사망했지만, 지금까지도 병을 숨겨 왔다는 이유로 종종 비판의 대상이 되기도 한다. 자신이 HIV 보균자임을 알고 난 후에 가졌던 성관계에 대한 악성 루머가 상당수 떠돌아다녔는데, 즉 그가 다른 사람을 고의로 감염시켰다는 것이다. (하지만 이런 이야기들은 동성애자들을 음해하기 위해 날조된 얘기에 불과하며 사실과는 전혀 다르다.) 요즘에는 커밍아웃이 상당히 일반화되었는데, 이렇게 에이즈와 관련된 사람들의 행동과 자세가 바뀐 이후의 관점으로 1980년대 사람들을 재단하는 것은 너무 쉬운 일일지도 모른다. 그리고 푸코가 자신의 병을 밝히기를 꺼려했던 것은 상당 부분 이론적 토대가 있었다. 폴 아론Paul Aron이 푸코가 커밍아웃하지 않은 것을 비난하자 디디에 에리봉은 이렇게 반문했다. "'고백(고해성사)'은 푸코가 아주 혐오했던 바로 그것이 아니었던가? 고백에 대한 그의 혐오는 후기 저작 속에 뚜렷하게 그 흔적이 남아 있는데, 그는 말하고 고백하라는, 혹은 누군가에게 말하도록 요구하는 사회적 명령 자체를 거부하고 부정하고 해체하고자 노력하였다."(Eribon 1991 : 29-30)

구체적 지식인

푸코의 생애에서 흥미로운 것은, 그가 정치 투쟁에 참여하는 고전적인 프랑스 지식인의 역할을 수행하면서 동시에 1965년과 66년 사이에 프랑스 교육위원회 위원으로 활동하며 중등 및 대학 고등교육제도를 검토하고 정부의 교육 정책을 조언했을 뿐만 아니라, 1976년에는 정부가 주도하는 형법 개혁 위원회에 참여하기도 했다는 사실이다. 한때 푸코는 프랑스 교육부의 고등교육부 부장으로 발탁될 뻔했다가 동성애 경력으로 무산되기도 했다. 또 그가 프랑스 국영 텔레비전 방송인 ORTF의 이사로 선임될 수도 있었다는 설도 있다. 즉, 푸코는 정치적 급진주의자로 여겨지지만, 정부 고위 관료직을 제안받기도 하면서 경력을 쌓았다.

그는 때에 따라서 프랑스 사회 내에서 자신이 갖고 있는 영향력을 정치적 투쟁에 이용하기도 했다. 그의 현실 참여는 구체적 지식인 specific intellectual의 역할과 상당히 가까운데, 여기서 "구체적 지식인"이란 그가 정치 활동에 대한 새로운 관점을 발전시키며 고안해 낸 용어로서 노동자들을 혁명의 장으로 유도하는 사람이라기보다는, 억압적 정권을 그 내부로부터 침몰시키기 위해 자신의 전문 영역 내에서 구체적인 실천을 하는 지식인을 지칭한다. 푸코의 예를 따르면, 핵무기를 연구하면서 정부의 핵 정책을 비판하는 핵과학자들이 이런 구체적 지식인에 속한다. 크리츠만Lawrence Kritzman은 이런 종류의 사회운동을 다음과 같이 설명한다. 〔구체적 지식인의 과업은〕"정치 테크놀로지에 대한 분석을 수행하는 것으로, 지식인들은 제도권 내에서 일하면서도 진리를 생산하는 제도적 영역에 도전하면서 새로운 정치적 윤리를 만들고자 시도한다. 따라서 정치 운동은 지식인들이 이데올로기적 해석학의 장광설에 매몰되지 않고 사회의 구체적인 한 분야에 내재하는 갈등을 비판적으로 분석하는 일이다."(Kritzman 198 8 : xix)

푸코는 또한 투울의 교도소에 근무하는 정신병리학자 이디스 로즈 Edith Rose의 활동도 소개한다. 1970년대에 이 교도소에서 폭동이 일 어났을 때, 로즈는 교도소의 열악한 환경을 비판했다. 이에 대해 푸 코는 다음과 같이 주장한다. "그녀는 권력 체계 내부에 있었다. 그리 고 그 권력의 작동 방식을 비판하기보다는 특정한 날, 특정한 장소 와 특정한 환경에서 벌어진 일을 고발했다."(Foucault, 재인용 Eribon 1991 : 231) 이를 통해 푸코는 "구체적 지식인"의 정치적 활동 유형을 예시하고 있는데, 여기에서 암시된 구체적 지식인이란 유토피아적인 환상과 각종 정파의 억압적 이데올로기를 거부하면서도 자신의 공적 지위를 구체적인 정치 운동에 사용하는 지식인이라고 할 수 있다.

1960년대와 1970년대 프랑스의 정치적 상황에 대한 고려와 아울 러, 지적 풍토를 고려하는 것 또한 중요하다. 메이시D. Macey의 주장 에 따르면, "푸코의 삶은 프랑스 지식인의 삶을 대표한다. 거의 모든 지적 풍토 변화가 그의 작업 속에 반영되어 있고, 거의 모든 학문적 발전에 영향을 끼쳤다."(Macey 1994 : 1) 그 당시 그리고 심지어 지금 까지도 프랑스의 학문적 풍토에서 두드러지는 것은 프랑스 문화가 철학에 아주 민감하다는 것이다. 철학은 중등교육의 필수과목에 포 함되어 있으며, 일반적인 학문적 토론의 장에서도 주요한 역할을 한 다. 철학 책이 출판되면 여러 판이 인쇄되는데, 이는 영국에서는 꿈 속에서나 가능한 일이라 할 수 있다. 예를 들어, 1966년 푸코의 『말과 사물*The Order of Things*』이 출판되었을 때, 초판본 3,000권이 불과 일주일 만에 동이 났고, 재판본 5,000권도 6주 만에 매진되었으며, 또한 비소설 부문 베스트셀러 1위 자리에 올랐다.(Macey 1994 : 160) 이 지독스레 어려운 철학 책은 지금까지 11만 권이나 팔려나갔다. (Eribon 1991 : 156)

푸코가 저작 활동을 시작할 무렵, 실존주의 철학가인 장 폴 사르트르Jean-Paul Sartre(1905~1980)가 여전히 프랑스의 삶과 문화를 주도하고 있었다. 사르트르는 정치적으로 헌신적인 철학가였으며, 매우 활동적인 유명 인사로 철학 논문뿐만 아니라 신문 기사, 소설, 희곡까지 쓰고 있었다. 여러 모로 볼 때, 사르트르는 뜻있는 지식인들이 정치적으로 어떻게 행동해야 하고 또 어떻게 여론에 영향을 미칠 수 있는지 그 한계와 범위를 설정해 준 인물이었다. 사르트르가 발전시킨 실존주의 철학은 무의미한 세계에서 개인의 경험과 책임감을 강조한다. 푸코는 이런 사르트르적 실존주의에 반발했던 세대의 한 사람으로, 개인적 · 정치적 · 철학적 차원에서 모두 사르트르와 관계맺는 것 자체가 어려웠다. 푸코는 스스로 사르트르의 철학 체계를 "의식의 철학"이라고 규정하고 이에 반기를 들며, 자신의 작업은 "개념의 철학"을 발전시키는 것이라 규정지었다.(Macey 1994 : 33) 그는 또한 사르트르 철학은 의미를 분석하는 것인 반면, 자신의 작업은 체계를 분석하는 것이라고 주장하였다.(Macey 1994 : 170)

허버트 드레이퍼스Hubert Dreyfus와 폴 레비노우Paul Rabinow는 푸코의 철학적 발전을 4단계로 구분한다. 이에 따르면, 첫 단계에서 푸코는 하이데거 철학의 가능성을 탐색했고, 두 번째 단계에서는 고고학적이며 구조주의적인 방법론을 발전시켰으며, 세 번째 단계는 계보학적 단계, 그리고 마지막 단계에서는 새로운 윤리학적 모델을 발전시키고자 했다.(Dreyfus and Rabinow 1982)

이와 비슷한 방식으로 푸코는 지금까지 구조주의자, 포스트구조주의자, 포스트모던주의자, 신철학자 등 다양한 범주를 통해 규정되었다. 하지만 그 어느 것도 푸코를 완전히 설명해 주지는 못하며, 오히려 "비역사적 역사학자, 반인문학적 인문주의자, 반구조주의적 구조주의자"로 불리는 것이 타당할 것이다.(Geertz, 재인용 Dreyfus and Rabinow 1982 : iii) 다시 말해서 그는 전통적인 학문적·이론적 관심사에 따라 쉽게 딱지를 붙일 수 있는 그런 사람이 아니다. 더욱이 푸코와 당대의 학문적 환경 사이의 관계는 "영향"이라는 수동적인 개념으로는 설명이 불가능하며, 대신 "불일치"나 "회의주의"라는 말이 더 적절할 것이다. 그럼에도 불구하고 푸코의 사상을 위의 네 단계로 구별하는 것이 푸코를 더 쉽게 이해할 수 있는 틀을 제공해 줄 수 있으며, 이후의 장에서는 이 단계를 하나씩 더 자세하게 접근해 보고자 한다.

"비역사적 역사학자, 반인문학적 인문주의자, 반구조주의적 구조주의자"
푸코의 사상적 발전이나 진보를 논한다는 생각 자체가 아마도 그를 경악하게 만들지도 모를 일이다. 그도 그럴 것이 그는 발전이나 진보와 같은 진화론적인 개념들은 한 사람의 인생 과정을 설명하고자 인위적으로 만들어진 허구적 요소에 지나지 않는 것임을 분명히 했기 때문이다. 실제로 인간의 삶은 훨씬 더 우발적이고 일관성이 결여되어 있다. 논문 「저자란 무엇인가?」에서 푸코는 이렇게 주장한다. "저자란 글쓰기 속에 내재하는 특수한 통일성의 원칙이다. 모든 종류의 차이들은 최소한 부분적으로나마 진화, 성장 혹은 영향이라는 원칙으로 해소되어야만 한다. 저자는 일련의 텍스트 속에서 우러나올 수 있는 모순들을 중화시키는 역할을 한다."(Foucault 1986a : 111)

분명 푸코는 자신이 출판한 각기 독립된 텍스트들이 자신의 이름으로 하나로 묶여지는 것이 못마땅할 수도 있을 것이다. 이런 맥락에서 그는 이렇게 질문한다. "어떻게 사람들은 서로 상이한 담론들을 한 명의 동일한 저자에게 귀속시킬 수 있을까?"(Foucault 1986a : 110) 그리고 푸코는 여러 차례 인터뷰를 통하여 책은 익명으로 출판되어야 한다고 주장했다. 그는 한 개인으로서의 저자라는 말 대신에 '저자 기능author-function'이라는 말을 사용하길 좋아하는데, 저자 기능이란 한 작가의 작품들을 통합할 수 있는 원리를 의미한다. 더 나아가 푸코는 한 작가의 전작oeuvre이라는 개념에서도 벗어나려고 한다. 그는 전작이란 말 속에 내재되어 있는 전체를 관통하는 하나의 아이디어 혹은 주제라는 개념을 허구적인 것으로 간주하고, 단지 교육기관에서 문학을 가르치거나 문학비평가들이 평론하는 것을 용이하게 하려고 사용하는 개념 정도로 치부한다.

바로 이런 이유들 때문에 기존의 발전론적인 틀, 즉 전구조주의자에서 구조주의자로, 그리고 다시 포스트구조주의자로의 사상적 성숙이라는 틀을 가지고 푸코를 설명하는 데는 상당한 애로점이 존재한다. 그럼에도 불구하고 우리는 그의 저작 속에서 반복적으로 언급되거나, 초기의 저작에서는 피상적으로 다루어지다 후기 저작에서는 본격적으로 다루어지는 핵심적 문제를 발견할 수 있다. 푸코를 공부하는 독자의 관점에서 보면, 이런 핵심적 문제들이 중요한 의미를 갖는데, 이는 푸코의 전작에 어떤 허구적 일관성을 부여할 수 있기 때문이 아니라 단지 우리가 그의 작업을 이해할 수 있는 커다란 담론적 틀을 제공해 줄 수 있기 때문이다.

앞서 주장한대로 1960년대와 70년대 프랑스의 정치적·사회적 변화는 푸코에게 정치적으로 심대한 영향을 주었으며, 이런 변화들은 그의 주요한 사상적 변화와 그 궤를 같이했다. 1960년대 이전 푸코의 작업들은 주로 지식과 담론의 익명적 생산에 관한 분석에 초점이 맞추어져 있는데, 그의 초기 저작인 『지식의 고고학』은 이런 경향을 담고 있다. 하지만 1960년대 이후에 출판된 『성의 역사』(1976~1984)와 같은 책에서는 지식과 담론의 내적 구조가 권력의 상호 관계와 이것이 개인에 미치는 영향을 통하여 생산된다고 주장한다.(2~4장 참조)

푸코가 역사에 더 깊은 관심을 갖게 된 시점이 바로 1960년대 이후부터라고 할 수 있다. 그는 철학과 심리학의 울타리에서 뛰쳐나와 역사적 분석으로 방향을 전환하는데, 아마도 철학/심리학적 분석을 역사적 분석과 조화시키려 했다고 보는 것이 더 정확한 표현이 될 것이다. 왜냐하면 도넬리M. Donnelly가 주장하듯 푸코는 역사에 초점을 맞춤으로써 "철학을 초월적 나르시시즘에서 해방시키고", 그와 더불어 자율적 개인의 발전이라는 틀에서 벗어나 현재와 과거를 사유

하고자 했기 때문이다.(Donnelly 1986 : 16)

그러나 푸코가 역사로 방향을 전환했을 때 역사가들은 이를 별로 달가워하지 않았다. 그 이유는 푸코가 역사적 기록을 다루는 태도가 상당히 오만해 보이기도 했을 뿐더러 참고문헌 표시에 아주 느슨했기 때문이다. 게다가 전통적인 역사학자의 목표가 과거 사건을 설명할 수 있는 틀을 제공하는 것이라고 한다면, 푸코는 그런 목표 자체를 거부했기 때문에 역사가들이 싫어했을 것이라고 생각해 볼 수도 있다. 푸코는 역사학적 방법론을 사용하여 제도로서의 학문 분과의 발전을 분석함으로써 전통적인 학자들의 학문 분과 발전에 대한 설명이 자아도취에 빠져 있음을 보여 준다. "푸코는 과거를 현재의 서곡으로서, 즉 현재에 이르기까지 일어난 논리 정연한 일련의 연속적 사건들의 일부로서 취급하기보다는, 과거의 근본적 타자성과 이질성을 정립하고자 시도한다."(Donnelly 1986 : 17)

따라서 푸코에게 과거는 필연적으로 현재에 이르게 될 수밖에 없는 어떤 것이 아니다. 과거와 현재 사이에 필연적 연속성을 부여하는 관점은 과거를 진부한 이야기로 만들 뿐이다. 푸코에게 중요한 것은 과거가 지니고 있는 낯섦strangeness이며, 이 낯섦을 통하여 우리는 현재에 포함되어 있는 낯섦을 분명하게 볼 수 있다.

고고학에서 계보학으로

몰개성적이고 자율적인 담론에 대한 분석에서 권력의 작동 방식에 초점을 맞추는 분석으로의 이행은 분석 방법의 전환을 의미하며, 이

것은 '고고학'에서 '계보학'으로의 변화라고 볼 수 있다. 즉, 그의 초기 저작들이 고고학과 연관된다면, 후기 저작들은 계보학적인 탐색이 주류를 이룬다. 그렇기 때문에 최근의 이론에서 고고학과 계보학이란 용어는 주로 푸코적인 분석과 연관된다고 할 수 있다. 고고학은 일단의 조직화된 언술 체계, 즉 하나의 아카이브archive 속에서 공인된 '언술the statement'을 생산하고 조직화하고 유포하는 숨겨진 법칙의 체계를 발굴하고 분석하는 것이라고 할 수 있다. 푸코는 이 아카이브를 "언술이 형성되고 변형되는 일반적 체계"로 설명한다.(Fou-cault 1972 : 130)('언술'과 '아카이브'와 같은 용어에 대한 설명은 '고고학'과 '계보학'의 구분과 함께 3장에서 상세하게 다루어질 것이다.)

개빈 켄달Gavin Kendall과 개리 위컴Gary Wickham의 설명에 따르면, "고고학을 통하여 우리는 일반적 언술 사이의 네트워크와 함께 일단의 사회적 질서 속에 내재하는 어떤 것을 탐색할 수 있다. 즉, 고고학적 방법론을 수행함으로써, 우리는 '균열적' 언술 속에서 현시現示적인 무언가를 발견할 수 있고, '균열적 현시성' 속에서 공인된 언술에 관한 무엇인가를 찾을 수 있다."(Kendall and Wickham 1999 : 25)

이런 의미에서 고고학적 분석은 아카이브를 구성하는 담론들 속에서 어떤 언술이 권위를 부여받게 되는지를 역사적으로 연구하는 것이라고 할 수 있다. 이런 고고학적 분석은 담론 속에 내재하는 규칙적인 유형을 설명하고 또한 하나의 언술이 다른 언술로 변형되거나 다른 언술과 차별성을 획득하는 방식을 체계화하려 시도한다. 따라서 이런 종류의 분석은 서로 상이한 언술들 사이의 관계, 즉 여러 이질적인 언술이 어떻게 하나의 의미 덩어리로 뭉치고, 무슨 조건에서 어떤 언술들이 발생하게 되는지에 초점을 맞춘다. 고고학적 분석은 해석을 지향하지 않는다. 다시 말해서, 과거에 일어난 일의 의미를 파헤치기보다는 과거에 일어난 사건과 그 사건이 발생할 수 있었던 담론 체계를 기술할 뿐이다. 이 책의 마지막 장에서 설명하는 것처럼, 해석의 결여는 푸코의 작업이 가지고 있는 또 하나의 특징이라 할 수 있는데, 바로 이런 이유로 많은 이론가들이 짜증을 내기도 하고 또 심지어 무시하기도 한다.

계보학은 고고학적 분석의 발전된 형태로 볼 수 있는데, 고고학적인 분석에 비해 권력의 작용을 분석하고 과거보다는 '현재의 역사'를 기술하는 데 더 주안점을 둔다고 할 수 있다. 계보학은 역사적 분석의 한 형식으로 과거의 사건을 기술하지만 그 사건들 사이의 임의적 관계를 설정하려 하지는 않는다. 도넬리에 따르면, "그것은 설명에 대한 욕구를 충족시켜 주지는 못할 수도 있다. 하지만 그것이 바로 푸코가 의도한 바로, 즉 설명에 대한 열망을 좌절시키고 오로지 '문서 기록'만을 제공한다."(Donnelly 1986 : 24)

계보학적 분석에서 푸코의 관심사는 과거의 많은 철학자들이 해온 '진리의 해석학', 즉 어떤 발화나 명제가 진리로서 인정받을 수 있는 조건에 대한 분석을 다시 반복하는 것과는 거리가 멀다. 그의 관심사는 오히려 '우리 자신의 존재론ontology of ourselves'이라고 할 수 있으며, 이는 분석적 시각을 우리 자신의 존재 조건으로 돌려 각자 개인으로서의 우리가 어떤 조건에 존재하고 있으며 무엇이 우리를 지금 우리의 모습으로 존재하게끔 만드는지를 분석하는 것이다. 켄달과 위컴의 주장에 따르면, "계보학을 그 극단까지 밀고 가면 그 목표는 '우리 자신'이 된다. 우리가 지금까지 사고한 방식대로 사고하지 않고, 우리가 지금까지 존재해 온 방식대로 존재하지 않기 위해서는, 우리를 지금 우리이게끔 만들었던 여러 부수적 계기들 그 이상을 꿰뚫어 보아야만 한다. 즉, 계보학 분석은 자유를 추구하는 데 우리가 선택할 수 있는 하나의 도구이다."(Kendall and Wickham 1999 : 30)

스마트Barry Smart는 고고학적 분석과 계보학적 분석 사이의 차이점을 약간 다른 각도에서 보는데, 그에 따르면, "고고학적 연구는 인문학 분야에서 담론의 형성을 통제하는 무의식적 법칙을 분석하는 것이다. 반면에 계보학적 분석은 인문학의 형성과 그 존재 조건, 그리고 사회적 관행 속에 스며 있는 권력의 테크놀로지 사이의 필연적 연관성을 탐색하는 것이다."(Smart 1985 : 48)

어떤 이론가들은 계보학과 고고학이 동전의 양면에 불과한 것이라고 주장하기도 한다. 하지만 이 둘이 완전히 다른 별개의 방법론이라고는 할 수 없을지라도 최소한 서로 상이한 관점을 가지고 있는 것만은 분명하다. 켄달과 위컴은 이 두 접근법 사이의 차이점을 다음과 같이 정리한다. "고고학이 한 장의 스냅사진 혹은 담론 관계의 한 조각을 제공한다면, 계보학은 담론망의 진행적 측면, 즉 담론 체계의 지속적 성격에 관심을 기울인다."(Kendall and Wickham 1999 : 31) 푸코 자신의 주장에 따르면, "그것을 두 개의 차원에서 규정한다면, '고고학'은 지엽적 담론 체계를 분석하는 데 적당한 방법론이고, '계보학'은 이런 지엽적 담론 체계에 대한 설명을 바탕으로 지금까지 생산된 지식을 활용할 수 있는 전술이 될 것이다."(Foucault 1980a : 85)

구조주의에서 포스트구조주의로

고고학적 관점에서 계보학적 분석으로 그리고 몰개성적 힘의 작동 방식에 대한 분석에서 권력관계의 복잡한 작용에 대한 분석으로의 이행과 더불어, 푸코는 구조주의적 단계에서 포스트구조주의적 단계로 이행했다고 볼 수 있다. 구조주의적 단계에서 푸코는 문학 이론 저널인 《텔켈*Tel Quel*》 그룹의 회원들과 관계를 맺고 있었는데, 이 그룹에는 롤랑 바르트Roland Barthes(1915~1980), 줄리아 크리스테바Julia Kristeva(1941~), 필리프 솔레르Philippe Sollers(1936~) 등이 속해 있었다. 메이시에 따르면, '텔켈' 그룹은 학문 영역에서 문학과 철학 연구의 역할을 그 어떤 이론가들보다도 급진적으로 변화시킨 "문학적 모택동주의Maoism 사상가 집단"이었다.(Macey 1994 : 151)

푸코는 바르트와 크리스테바와 함께 '구조주의structuralism'라 이름 붙여진 학문적 흐름을 주도한 일원이 되었는데, 구조주의자들은 개별 작가의 천재성이라는 개념에서 탈피하여 문학 혹은 비문학적 텍스트의 배후에 존재하는 구조를 분석하고자 하였다. 구조주의 비평가들은 텍스트를 구성하면서 저자의 의도를 분석하거나 저자의 뛰어난 창조력을 가정하지 않고, 저자의 죽음을 선언하며 저자를 분석의 영역에서 제외시켰다. 그들은 저자보다는 텍스트 그 자체와 그 텍스트를 구성하는 내러티브와 같은 담론적 구조의 몰개성적 힘에 초점을 맞추거나, 텍스트를 이해하는 과정 속에서 독자의 역할에 눈을 돌려야 한다고 주장했다.(Barthes 1968 ; Foucault 1984)

실제로 휴머니즘(즉, 각각의 개인은 본질적으로 다른 개인들과 구별되며, 현상을 이해하는 핵심적 주체가 바로 개인이라고 하는 믿음)은 푸코의 이론적 공격의 주요 대상이었다. 한 인터뷰에서 푸코는 다음과 같이 주장한다. "지금 이 시점에서 우리의 과제는 휴머니즘에서 우리를 완전히 해방시키는 것이며 그런 의미에서 우리의 작업은 정치적인 과업이다. …… 동양과 서양을 막론하고, 모든 정권은 휴머니즘의 깃발 아래 싸구려 물건들을 밀수하고 있다. …… 우리는 이런 신비화를 거부해야만 한다."(Foucault, 재인용 Macey 1994 : 171)

푸코는 문학 텍스트 자체나 저자의 창조성에 초점을 맞추기보다는 그 밑바닥에 존재하는 익명적 구조와 담론 일반을 형성하는 법칙에 관심을 가졌다. 『말과 사물』에서 그는 역사의 과정 속에서 발생한 담론의 전환discursive shifts을 분석하고 있는데, 이 담론의 전환은 여러 학문 분야를 관통하는 특정한 해석의 유형들 속에 내재하는 규칙을 통해 명시적으로 드러나게 된다. 어쨌든 이 책의 서론에서 푸코는 다음과 같이 주장한다.

내가 하고자 하는 것은 …… 지식의 실증적 무의식을 밝히는 것이다. 지식의 실증적 무의식이란 과학적 담론의 일부이면서도 과학자의 의식 속에 포착되지 않는 지식의 층위를 의미하는 것으로, 이것의 타당성을 논박하거나 이것의 과학적 성격을 축소하는 것은 나의 목표가 아니다. 고전주의 시대의 자연사와 경제학과 문법 연구에 공통적인 사항들이 각각 학자들의 의식 속에 명시적으로 드러나 있지는 않았다. 그중 의식적인 부분이 있었다면 그것은 피상적이고 제한되어 있으며 심지어는 공상적인 것이었다. 하지만 비록 스스로 인식하지 못했을지라도, 자연사학자나 경제학자, 문법학자 모두 각각의 학문 연구에 합당한 대상을 정의하고, 개념을 만들어 내거나 이론을 수립하면서 무의식적으로 똑같은 원칙을 채용하고 있었다. 내가 밝혀내고자 하는 것은 바로 이 규칙이 작동하는 구체적인 장소로서, 아마도 좀 자의적이기는 하지만, 내가 고고학적考古學的인 것이라 부르는 층위이다. (Foucault 1970 : xi)

구조주의적 단계라고 명명할 수 있는 시기에, 푸코는 개인에게서 탈출하여 "인간의 죽음"을 발견하였고, 담론 자체에 내재하는 몰개성적이면서도 결정적인 힘에 대한 분석을 향해 갔다. (하지만 푸코를 구조주의자로 규정하는 것은 잠정적인 가설에 불과하다. 왜냐하면 그와 구조주의와의 관계는 그 토대가 빈약할뿐더러, 일반적으로 구조주의자로 구별되는 루이 알튀세, 자크 라캉, 롤랑 바르트, 줄리아 크리스테바, 푸코 등과 같은 이론가들은 자유주의적 휴머니즘과의 부정적 관계를 맺고 있다는 것을 제외하면 공통된 철학을 공유하고 있다고 보기 어렵기 때문이다.)

구조주의 시기에 푸코가 몰두했던 반휴머니즘적 작업은 개인들의 동기와 의도를 추적하는 것이 아닌 오랜 기간 동안에 걸쳐 이루어진 담론의 작용을 발견하는 것이다. 그는 역사를 통시적으로 관찰하며 특정한 역사적 이행기에 나타나는 사유 체계의 단절 혹은 불연속성들을 추적한다. 따라서 그가 관심을 가진 것은 중요한 사상가나 사상적 흐름의 경향에 대한 도표를 그리는 것이 아니라, 어떤 현상을 사유하고 어떤 사건을 해석하는 방식에서 근본적이면서도 충격적인 변화가 있었던 지점을 찾아내고 설명하는 것이라 할 수 있다. 이렇게 전 지구적인 사유 방식이나 담론이 조직화되는 방식을 설명하고자 푸코는 『지식의 고고학』에서 '에피스테메épistémé'라는 개념을 발전시키는데, 여기서 에피스테메는 특정한 역사적 시기에 유통된 일단의 지식과 인식 체계를 지칭하는 용어이다. 푸코에 따르면, 고전주의 시대와 근대가 시작될 무렵 중요한 인식론적 단절이 존재했으며, 이 단절을 통해 정보를 분류하고 체계화하는 새로운 방식들이 발전하게 된다. 즉, 푸코는 당대의 다른 많은 이론가들과 마찬가지로 개인이라는 휴머니즘적 사상에 기대지 않고 역사적 사건을 기술하고 해석하는 방식을 발전시키려 시도했다. 정신분석학을 연구하던 이론가들은 휴머니즘적인 통일된 자아의 개념을 버리고 균열된 자아 개념을 정립했으며, 마르크스주의에 영향을 받은 이론가들은 개인에 대한 집착을 부르주아적 발상이라 생각하여, 개인의 개념을 폐기하고 더 넓은 사회적 토대와 제도들을 검토하기 시작했다. 이와 비슷하게 푸코는 개인이나 주체에 의존하지 않는 이론을 만들어 내고자 했는데, 이 시기 그의 철학적 사유는 익명적 담론들의 작동 방식에 초점이 맞추어져 있었다. 그에 따르면, 이런 익명적 담론은 일개 인간의 영향력이나 통제력이 미치지 못하는 곳에 존재하고 있으며 자기 자신만의 운동에너지와 운동 법칙을 가지고 작동한다.

구조주의를 어떤 사건이나 현상이 자율성을 가지고 있고 그 자체의 내적 논리와 작동 체제에 지배된다고 보는 이론적 입장이라고 한다면, 이런 철학적 테두리 안에서 사유했던 많은 이론가들은 구조주의의 내재적인 문제가 던지는 심각한 도전에 직면하고 있었다. 구조주의적 사고의 내적 문제를 인식하고 있었던 푸코를 비롯한 이론가 집단이 바로 일반적으로 '포스트구조주의자'라고 명명된 사람들이라고 할 수 있다.

포스트구조주의는 다양한 이론가 집단으로 구성되어 있는데, 가장 잘 알려진 사람으로는 푸코의 제자이자 해체주의자인 자크 데리다 Jacques Derrida(1930~2004), 줄리아 크리스테바, 자크 라캉Jacques Lacan(1901~1981), 푸코를 꼽을 수 있다. 이들의 특징은 구조주의와 구조주의의 핵심이라 할 수 있는 내적 통일성을 가진 구조라는 개념에 반대하는 것이다. 포스트구조주의는 전통적인 구조라는 개념에 대립각을 세운다는 것 말고는 어느 하나의 공통된 주제나 신념을 공유하고 있지는 않다. 실제로 푸코와 데리다는 아주 격렬한 논쟁을 벌이기도 했는데, 그 결과 푸코는 데리다의 주장을 비평가의 권위를 내세우는 "보잘것없는 교육학a minor pedagogy"으로 치부해 버렸다. 어떤 측면에서 보면, 포스트구조주의는 중심, 본질, 근본과 같은 개념을 탈피하려는 시도였는데, 이런 의미에서 푸코의 작업은 구조주의적 입장에서 포스트구조주의로 이행했다고 볼 수 있다. 하지만 많은 측면에서 푸코는 그 어느 입장에도 완전히 포섭되지는 않았다.

푸코적 사유의 충격

마르크스주의와 유물론적 사고는 1960년대 이후, 그리고 1980년대 소비에트 정권의 붕괴와 베를린 장벽의 철폐 이후로 엄청난 변화를 겪게 된다. 더욱이 많은 포스트구조주의자들이 내놓은 거대 서사(즉, 정치적 행동으로 성취될 수 있는 유토피아적 미래를 제시하는 것이 가능하다고 하는 생각) 비판은 분명한 정치적 목표와 역사적 진보 모델을 제시했던 마르크스주의와 같은 사상을 재고하라고 강요했다. 하지만

21세기의 정치적 문제를 분석할 수 있는 사회주의적 모델을 재건하는 데 마르크스주의의 이론적 문제에 대한 푸코의 생각은 상당한 시사점을 던져 준다. 푸코의 사상은 "사회주의적 투쟁의 여러 가지 매개 변수들과 그들의 목표(사회주의의 '종언')를 다시 생각할 수 있는 범위를 확장시켜 줌과 동시에 이를 비유토피아적인 방식으로 사유할 수 있도록 해 준다."(Minson 1986 : 107)

푸코는 또한 탈식민주의Post-colonial 논의와 페미니즘 이론에도 심대한 영향을 미쳤다.(Mills 1991 ; 1997) 그가 페미니즘에도 영향을 미쳤다는 생각은 다소 어색하게 들릴 수도 있는데, 이는 푸코가 일반적으로 여성 혐오증을 가진 것으로 여겨졌기 때문이다.(Morris 1979 : 152) 그럼에도 불구하고 푸코의 비판적 사고는 페미니즘에도 상당히 유용하다고 여겨졌는데 그 이유는,

> (페미니즘과 푸코) 양자는 인간의 몸을 권력의 장이라고 보고 있다. …… 양자 모두 국가의 절대 권력에 집중하기보다는 권력이 지엽적이고 미시적인 영역에서 작동하고 있음을 지적한다. 양자 모두 헤게모니적 권력을 생산하고 유지하는 데 담론의 결정적 역할을 전면에 내세움과 동시에 이 권력에 대한 도전이 주변화되고 (또는) 인식되지 않는 담론 속에 갇혀 있음을 강조한다. 그리고 이 둘 모두 진리와 자유와 인간 본성의 보편성을 선언하는 서구 남성 엘리트의 경험을 특권화시키는 서구 휴머니즘을 비판한다.(Diamond and Quinby 1988 : x)

푸코와 페미니스트 양자 모두 우리 사회에서 상식이라 여겨지는

것들을 지탱해 주는 개념적 틀을 재고할 필요가 있음을 강조한다. 예를 들어 여성성과 정신병이 담론으로 구성되고 수정되는 과정을 다룬 논문에서 페미니스트 이론가인 도로시 스미스Dorothy Smith는 푸코의 담론 이론을 이용하여 개인들이 사회구조에 수동적으로 복종하기보다는 그 구조와 적극적으로 타협하고 협상하여 자신의 정체성을 수정해 나간다고 주장한다.(Smith 1990)

에드워드 사이드Edward Said가 명저 『오리엔탈리즘Orientalism』(1978)에서 푸코의 이론을 이용한 이래로, 탈식민주의 이론은 꾸준히 푸코의 작업을 이용하거나 그에 대해 반론을 펴 왔고, 어떤 경우에는 그의 이론을 더 정치적이고 유물론적인 방식으로 다시 읽거나 심지어 정신분석학 이론과 병행해서 읽으려고 시도하기도 했다.(Said 1978 ; Bhabha 1994 ; McClintock 1995) 이런 맥락에서 볼 때 푸코의 작업이 지니는 가치는 기본적으로 권력관계를 바라볼 수 있는 개념적 틀을 재정립했다는 데 있다고 할 수 있다. 제2장에서 재론되겠지만, 푸코에게 권력은 어떤 한 사람이 다른 사람을 전적으로 지배할 수 있는 힘이 아니라 사회 전체를 통하여 통용되는 관계망 혹은 네트워크라고 할 수 있다.(Foucault 1978) 그러므로 탈식민주의 이론에서 식민주의는 더 이상 단순히 힘없는 원주민에게 특정한 권력관계를 강제하는 것만은 아니다. 다른 나라 영토의 점유는 폭력과 침략을 통해서만이 아니라 지식과 정보의 생산으로도 이루어질 수 있으며, 식민주의는 계속해서 도전과 저항을 받기도 하지만 그 도전에도 불구하고 끊임없이 제 존재를 확인하고 또 재확인한다.(Guha 1994)

정치적 사고에 가장 심대한 영향을 끼친 것은 아마도 이와 같은 권력의 속성에 대한 분석일 것이다. 즉, 권력이란 단순하게 한 사람의 의지를 다른 사람에게, 혹은 한 집단의 의지를 다른 집단에게 강요하는 것이 아니다. 권력은 사회 전체에 퍼져 있어서 인간과 인간의 접촉이 일어나는 곳이면 어디에서든 작동할 수 있는 일련의 사회적 관계와 전략이다.

요약하자면, 푸코는 프랑스나 전 세계적으로 중요한 변화와 전환이 발생할 때면 언제든 정치적·철학적 논쟁에 개입했던 사람이다. 그는 1968년 5월 혁명에 심각한 영향을 받았음과 동시에, 자신의 글과 정치적 실천으로 그 이후의 정치적 변화들에 큰 영향력을 행사했다. 그는 1968년 이후 복잡해진 정치적·철학적 상황을 분석할 수 있는 이론적 틀을 발전시켰을 뿐만 아니라, 더 중요하게는 지식인들이 사회 분석에 사용하던 방법론적 틀을 비판적으로 재검토할 수 있는 기회를 제공했다.

이 책의 구조

이 책은 각 장별로 푸코의 중요한 이론적 저작 하나를 선택하여 해설하는 방식 말고, 그가 일생에 걸쳐 책만이 아니라 인터뷰나 논문을 통해 반복적으로 다룬 몇 개의 핵심 주제를 다룬다. 제2장인 '권력과 제도'에서는 사회구조 및 제도와 관련하여 권력과 저항의 문제를 다룬다. 푸코는 '통치governance' 개념과 정치권력의 억압에 저항하는 개인과 주변화된 집단의 역할에 관한 일반적 가설들을 문제시하고 비판하기 때문에, 이 부분에서 그가 논리를 전개하는 방식을 눈

여겨 볼 필요가 있다. 제3장 '담론'에서는 푸코가 담론의 자율적 법칙과 기능에 대해 제시한 이론을 다룬다. 제4장 '권력/지식'은 지식과 진리의 상식적인 지위를 문제시하는 푸코의 작업을 검토하고, 권력에 도전하는 지식과 정보의 유통을 사전에 배제함으로써 권력과 지식의 유착 관계를 유지하는 다양한 메커니즘을 살펴볼 것이다. 제5장 '몸과 섹슈얼리티'에서는, 푸코가 쓴 섹슈얼리티 관련 저작들을 검토하며 몸을 중심으로 벌어지는 권력과 저항의 메커니즘에 관한 푸코의 이론을 조명한다. 섹슈얼리티의 역사를 개괄하고자 했던 그의 작업은 일차적으로 게이, 레즈비언, 페미니즘 이론의 영역에서 광범위한 연구를 촉발시켰다. 이런 연구는 섹슈얼리티뿐만이 아니라 '개인'의 개념과 문학에서 개인의 재현 문제에 대한 이론적 함의를 포함하고 있다. 제6장 '주체의 죽음 : 광기와 이성'에서는, 주체 혹은 개인에 대한 푸코의 이론을 광기와 이성의 개념과 관련하여 분석할 것이다. 결론인 '푸코 이후'에서는, 푸코의 방법론을 읽고 이용하는 방식을 검토한 후, 그의 말에 집착하지 않고 그를 이용할 수 있는 방법을 탐색할 것이다. 이를 통해 진정한 푸코적 글 읽기 혹은 방법론은 푸코의 글과 생각을 넘어서는 것임을 주장하고자 한다.

02

권력과 제도

Michel Foucault

개인과 권력

푸코의 저작은 대개 사회구조와 제도(혹은 사회 기관), 개인의 관계를 다룬다. 앞 장에서 이미 언급했고 5장에서 다시 자세하게 논의되겠지만, 푸코에게 '개인'이라는 말은 상당히 문제성 있는 개념이다. 그럼에도 불구하고 권력이 작동하는 방식을 관찰할 수 있는 곳이 바로 개인과 제도의 관계이다. 『성의 역사』(1978), 『권력/지식Power/Knowledge』(1980), 『임상의학의 탄생』(1973), 『감시와 처벌』(1977)과 같은 저작을 통하여, 푸코는 여러 가지 제도가 사람들에게 미치는 영향과 더불어 제도의 영향력을 긍정하거나 저항하는 데 개인들이 수행한 역할을 분석하는 데 주력했다. 제도와 관련된 분석에서 핵심적인 것이 바로 권력이라 할 수 있다.

푸코는 먼저 권력의 개념을 재정립한다. 기존의 개념에 따르면, 권력이란 어떤 집단이나 기관이 소유하고 있는 것으로 권력의 목적은 누군가를 억압하거나 통제하는 것이다. 푸코는 바로 이런 소유 가능한 것으로서의 권력 개념을 혁파하고자 한다. 권력은 단순히 권력을 가진 자가 나약한 자를 억압하는 수단이 아니다. 권력은 사람과 제도의 일상적 관계를 규정하는 것이며, 그러므로 중요한 것은 이 일상적 관계 속에서 권력이 작동하는 방식이다. 『성의 역사 : 제1권』에는 푸코의 이런 독특한 사유 방식이 명료하게 표현되어 있다.

권력은 부정적인 측면에서 제약을 가하거나 억압하는 수단이 되기도 하지만, 그와 동시에 생산적인 측면을 가지고 있다. 따라서 권력은 어떤 특정한 행동양식을 검열하고 심지어는 못하도록 금지하기도 하지만, 또한 새로운 행동양식의 가능성을 열어 주기도 한다.

초기 마르크스주의 이론가와 달리, 푸코는 억압에 초점을 맞추기보다는 권력에 대한 저항을 강조한다. 하지만 푸코가 권력관계에 대한 저항의 메커니즘을 명료하게 이론화하지 않은 탓에, 그의 주장은 많은 비판이론가들과 정치비평가들 사이에서 상당한 논란을 불러일으켰다. 그럼에도 불구하고 그의 작업은 다수의 페미니스트들과 비판이론가들에게서 큰 호응을 얻어 냈다. 그 이유는 무엇보다도 국가나 이데올로기 혹은 가부장제와 같은 제도들의 억압적인 성격에 초점을 맞춘 기존의 권력 이론이 남/녀 사이의 불평등을 설명하는 데 적절하지 못했기 때문이다.(Thornborrow 2002)

루이 알튀세의 이론에서 잘 드러나듯이, 마르크스주의자들은 일반

이데올로기 마르크스주의 이론에서 일반적으로 통용되는 이데올로기란 피억압 계층이 객관적 타당성이 결여된 지배계급의 세계관(따라서 노동자계급의 이익과도 상충되는 세계관)을 자연스럽게 받아들이도록 만드는 수단을 지칭하는 말이다. 이데올로기는 한 사회의 상상적 (다시 말해서 허구적인) 표상 체계로, 궁극적으로는 그 사회의 지배계급의 이익에 봉사하게 된다. 그러므로 이데올로기적인 관점에서 사회를 보게 되면, 노동자계급보다는 중간 계급이 더 나은 지적 능력을 가지고 있는 것이 당연한 것처럼 여겨지게 된다. 반면에 마르크스주의의 경제적인 관점에서 보면, 중간 계급의 지적 능력이 더 뛰어난 것처럼 보이는 이유는 대부분의 중간 계급 자녀들이 다니는 학교가 더 좋은 학습 환경과 시설을 가지고 있기 때문인 것으로 풀이된다.

적으로 국가를 국민을 억압하는 제도로 여기는 경향이 있는데, 이는 국가의 역할을 설명하는 데 적절치 못하다. 왜냐하면 이 모델에서는 권력이 위에서 아래로만 흐르도록 전제되어 있기 때문이다.(Althusser 1984) 알튀세는 국가가 국민을 억압하는 방식과 이데올로기가 개인을 국민(혹은 주체)으로 만들어 가는 방식에 관심을 가졌다. 그의 이론적 틀 내에서 각 개인은 이데올로기가 만든 바보들에 지나지 않는다. 하지만 푸코는 알튀세의 권력 모델을 거꾸로 뒤집어 버린다. 그의 이론에 따르면, 권력관계는 사회의 모든 관계 속에 스며 있으며, 따라서 권력은 아주 일상적인 관계 속에서 발현되거나 저항을 받게 된다. 푸코의 모델이 가지는 장점은 각 개인을 언제나 속기만 하는 바보가 아니라 능동적으로 행동하는 주체로 분석할 수 있는 틀을 제공해 준다는 것이다.

권력관계

권력은 종종 권력자가 힘없는 자들의 의지를 짓밟고 자신의 의지를 실현시킬 수 있는 능력, 혹은 힘없는 자들로 하여금 자신들이 원치 않는 일을 하도록 강요할 수 있는 능력으로 개념화된다. 또한 권력은 하나의 소유물로 여겨지기도 한다. 이 경우 권력은 사회의 지도층에 있는 사람들이 소유할 수 있는 어떤 것, 혹은 억압받았던 사람들이 혁명을 통해 빼앗아 올 수 있는 어떤 것이 된다. 『성의 역사 : 제1권』에서 푸코가 비판하는 것이 바로 이런 관점으로, 그에게 권력이란 수행되는performed 것이며, 소유물이라기보다는 전략에 가까운 것이다. 권력은 명사라기보다는 동사로서, 수동적으로 존재하거나 물건처럼 보관될 수 있는 것이라기보다는, 능동적으로 무언가를 행할 수 있는 것이다. 『권력/지식』에서, 푸코는 이를 다음과 같이 설명한다. "권력은 순환하며, 사슬의 형태로 작동한다. …… 권력은 그물망과 같은 하나의 조직을 통해서 사용되고 행사된다. …… 개인은 권력이 적용되는 지점이 아니라 권력이 운반되는 도구이다."(Foucault 1980 : 98)

여기에는 되짚어 봐야 할 몇 가지 문제가 있다. 첫째, 권력이 그물이나 사슬로 개념화된다는 것이다. 이것이 의미하는 바는 권력이 단순히 억압자와 피억압자 사이의 정해진 관계가 아닌, 사회 전체를 통해 퍼져 있는 관계의 체계를 지칭한다는 것이다. 둘째, 개인은 권력의 피동체라기보다는, 권력이 행사되는 '장場'임과 동시에 권력에 대한 저항이 이루어지는 곳이다. 따라서 푸코의 이론은 권력 개념 자체를 재정의하는 것뿐만이 아니라, 권력관계 속에서 개인이 수행하게 되는 역할 역시 재정립할 것을 요구한다. 즉, 개인은 단순히 억압에 복종하는 것이 아니라, 타인 혹은 제도와의 관계 속에서 적극적으로 자신의 역할을 수행하며 권력을 행사한다.

앞에서도 잠시 언급했듯이, 푸코는 권력을 소유물이 아닌 하나의 전략, 즉 특정한 사회적 맥락에서 한 개인(혹은 집단)이 수행하는 행위로 보고자 하는 경향이 있다. 권력이란 획득될 수 있는 것이 아니라 끊임없이 행해지는 것이다. 따라서 권력은 국가나 정부와 같은 특수한 제도에 의해 점유되어 있다기보다는 사회 전체에 퍼져 있는 관계의 그물망이다. '비판적 이론/지적 이론'이란 제목의 인터뷰에서 푸코는 다음과 같이 주장한다. "내가 말하는 권력은 대문자 P로 쓰는 '권력Power'를 지칭하는 말이 아니다. 대문자 P의 권력은 사회 전체에 하나의 합리성만을 강요하며 지배하는 권력이다. 내가 지칭하는 권력이란 권력관계를 이르는 것이다. 권력관계는 복합적인 것이다. 권력관계는 여러 가지 형식을 취하는데, 이는 가족 관계 혹은 사회제도나 행정 조직을 통해서 발현될 수도 있다."(Foucault 1988c : 38)

이 인터뷰에서 푸코는 권력을 모든 사회적 관계를 규정하는 주요한 힘으로 묘사하고 있기 때문에, 그가 알튀세의 저작에서 영향을 받은 것으로 보일 수도 있다. 실제로 알튀세는 푸코가 에콜 노르말École Normale 대학에 있을 때의 스승으로, 권력을 분석하는 데 "억압적 국가기구"(예컨대, 법률 제도, 군대, 경찰 등)보다는 "이데올로기적 국가기구"(즉, 가족, 교회, 교육제도 등)의 역할을 중시했다.(Althusser 1984)

「권력과 성Power and Sex」란 글에서, 푸코는 복합적인 권력관계가 쉽게 관찰될 수 있는 것이 아님을 주장한다. "권력관계는 아마도 사회 전체에서 가장 철저하게 은폐되어 있는 것 중에 하나일 것이다. …… (따라서 우리의 과제는) 권력관계 속에 은폐되어 있는 그 무언가를 밝혀내고 이를 경제적 하부구조와 연결시키는 것이다. 즉, 통치 형식governmental forms 속에 은폐되어 있는 권력관계뿐만 아니라, 통치의 내적·외적 형식들 속에 감추어진 권력관계까지도 추적하고, 이것들이 물질적으로 어떻게 발현되는지 밝혀내야 한다."(Foucault 1988d : 119)

따라서 권력을 군대와 경찰과 같은 중심화되고 초개인적인imper-sonal 제도 속에서 파악하고자 했던 초기 마르크스주의자들과 달리,

푸코는 권력이 일상생활 속에서 행사되는 방식과 개인이나 다른 행위 주체가 이를 받아들이고 타협해 가는 과정에 더 많은 관심을 기울인다. 미시적인 차원에서 느껴지는 권력의 물질성에 대한 푸코의 관심은 주디스 버틀러Judith Butler와 같은 페미니즘 이론가들에게 많은 영향을 끼쳤다. 특히 버틀러는 푸코의 이론을 바탕으로 권력을 제도 속에 포함시키지 않으면서도 젠더와 권력과의 관계를 설명할 수 있는 이론적 모델을 발전시키고자 했다. 이 모델에 따르면, 젠더 정체성은 개인이 소유하고 있는 것이라기보다는 특정한 사회적 맥락에서 수행하는 어떤 것이 된다.(Butler 1993 ; Salih 2002)

권력에 대한 푸코의 견해는 전통적인 마르크스주의나 페미니즘의 권력 개념과는 정반대의 입장을 취한다고 볼 수 있다. 전통적인 견해에서 보면 권력은 단순히 억압의 한 형태에 지나지 않는 것으로, 푸코는 이를 "억압적 가설"이라고 주장한다. 대신에 푸코는 권력이 생산적인 성격을 갖는다고 말한다. 권력은 단지 자유를 억압하고 개인의 행동을 구속하는 것 말고도 새로운 행동양식의 가능성을 창출해낸다. 『성의 역사 : 제1권』에서 푸코는 다음과 같이 주장한다. "권력이 억압적인 것에 불과하다면, 그리고 권력이 언제나 안 된다고만 말하는 것이라면, 우리가 그 권력에 복종하겠는가?"(Foucault 1978 : 36) 푸코의 이 말이 암시하는 바는 권력은 억압적인 속성 말고도 사람들이 그것에 순응할 수밖에 없는 그 무언가를 갖고 있다는 것이다.

이를 설명하고자 푸코는 『성의 역사 : 제1권』에서 19세기 영국의 예를 든다. 그에 따르면, 19세기에 남자 어린이의 자위행위에 대한 관심이 일기 시작하면서 자위행위를 방지할 수 있는 정보를 담은 책자들이 상당수 출판되었으며 궁극적으로는 남자 어린이에 대한 전면적인 감시로 이어졌다고 한다. 푸코는 이 현상을 단순하게 아이들에 대한 억압이나 성적 욕망 및 행위의 통제로만 해석하지 않는다. 『권력/지식』에 따르면, 자위행위의 금지는 "어린아이의 몸을 성적 대상화sexualising하는 것이었다. 즉, 이는 부모와 자식 간의 육체적 관계를 성적 대상화함과 동시에 가족의 영역을 성적 대상화하는 것이었다. …… 권력이 섹슈얼리티를 억압했다기보다는 섹슈얼리티 자체가 권력의 긍정적 산물이 된 것이다."(Foucault 1980b : 120) 결국 어린이의 성에 대한 논의와 더불어 그들의 자위행위에 대한 감시와 충고와 처벌은 역설적이게도 일련의 가족 관계를 성적 대상화함과 동시에 뒤틀린 성 관념을 낳음으로써 원래의 취지와는 정반대의 결과를 가져오게 되었다.

긍정적이고 생산적인 것으로서의 권력 개념을 바탕으로, 푸코는 권력 쟁취에 성공한 몇몇 민중 봉기의 사례들을 분석하였다. 예를 들어서 푸코는 『권력/지식』에 수록된 모택동주의자들과의 인터뷰와 이란 혁명과 관련된 「이란 : 정신이 부재하는 세계의 정신Iran : the spirit of a world without spirit」이란 글에서 민중의 정의popular justice〔국가의 사법 절차에 의거하지 않고 대중의 판단에 근거하여 대중적인 방식으로 형을 집행하는 행위〕에 관한 논의를 한다. 1960년대와 70년대의 시대상을 고려해 본다면 혁명과 봉기에 대한 푸코의 관심은 그다지 놀라운 것은 아니다. 당시 많은 사람들이 억압적인 정권에 항거하고 이를 전복시켜 부르주아 자본주의의 굴레를 떨쳐 버려야 한다고 주장했다. 초기 마르크스주의 사상에서 이런 경향이 극명하게 두드러지는데, 이들에게는 혁명을 통한 국가의 전복과 노동계급의 해방이 모든 정치적 행위의 근본적 목표였다.

그러나 「진리와 권력Truth and Power」이란 글에서 푸코는 혁명이 반드시 억압에서의 자유를 의미하지는 않는다고 주장한다. 부르주아 권력에 대한 도전이나 권력관계의 완전한 전복은 사실상 불가능하다. 왜냐하면 "국가는 모든 권력관계를 법제화하고, 이를 통하여 국가의 기능을 수행하는데 …… 혁명이란 똑같은 권력관계를 다른 방식으로 법제화하는 것에 불과하기 때문이다."(Foucault 1980b : 122) 즉, 국가는 권력을 소유하는 것이 아니다. 단지 권력관계의 범위를 설정하고, 이를 통해 국민들의 사회적 위치를 규정함으로써 정치 시스템이 효율적으로 굴러 갈 수 있도록 할 뿐이다. 프랑스혁명의 경우에서 보듯이 혁명은 사회가 운영되는 방식 중 몇몇 양태를 바꿀 수 있다. 하지만 이것이 국민들의 사회적 위치에 근본적인 변화를 가져다주지는 못한다. 혁명정부 역시 자신의 정책에 따르지 않는 사람들을 감금하고 처형하며, 구정권과 마찬가지 방식으로 세금을 징수하고, 다양한 방법을 동원하여 국민들이 혁명정부의 정치적 프로그램에 순응하도록 강요한다. 따라서 푸코는 혁명을 통한 억압으로부터의 해방에 아주 조심스럽게 접근할 수밖에 없다.

「주체와 권력The subject and power」에서 푸코는 자신이 "반권위 투쟁"이라 명명한 것을 분석하는데, 반권위 투쟁이란 상대적으로 최근에 발전하고 있는 것으로, 푸코는 이를 "여성에 대한 남성 우위, 어린이에 대한 부모 우위, 정신병 환자에 대한 정신의학의 우위, 일반 대중에 대한 약藥의 우위, 사람들이 살아가는 방식에 대한 행정行

政의 우위와 같은 권력에 대한 반대 투쟁"으로 규정한다. (Foucault 1982 : 211) 푸코는 이런 모든 투쟁을 "국지적local" 혹은 "현장immediate" 투쟁이라 정의한다. 왜냐하면 이런 투쟁들은 삶의 현장 속에서 경험되는 부당함을 비롯하여 타인이나 집단 혹은 사회제도가 삶에 직접적으로 영향을 미치는 방식을 비판하는 것이기 때문이다. 푸코는 이런 투쟁들은 국가나 계급과 같은 거시적 권력에 대한 분석을 통해서는 설명하기 어렵다고 주장한다. "이런 투쟁의 주요 목표는 권력기관, 권력 집단, 엘리트, 혹은 계급을 공격하는 것이라기보다는 오히려 통치의 기술, 즉 권력이 행사되는 형식을 비판하는 것이다."(Foucault 1982 : 212)

많은 이론가들은 민중의 정의에 관한 푸코의 글이 문제의 소지가 다분하다고 지적하는데, 특히 앞서 잠시 언급했던 모택동주의자들과의 인터뷰가 대표적인 예가 될 수 있다. 여기서 분명하게 밝혀 두어야 할 것은 여러 차례에 걸쳐서 푸코는 우리 자신에게 어려운 질문을 서슴없이 던질 수 있어야 한다고 주장했다는 사실이다. 즉, 우리가 수행하고 있는 정치 운동이 올바른 것인지 끊임없이 자문해야 한다는 것이다. 예를 들어 인터뷰 논문 「권력과 성」에서 푸코는 "꼭 정당정치에 참여하지 않더라도, 정치에 개입하는 것은 혁명이 진실로 바람직한 것인지를 알고자 정직하게 노력하는 것"이라고 주장한다.(Foucault 1988d : 122)

그러나 그가 정치적 행동을 지지한다고 해서 폭도와 민중의 정의의 부정적인 측면까지 모두 옹호하는 것은 아니다. 예를 들어 푸코는 "프롤레타리아트가 혁명에 성공한 후 여타 계급에 대해 폭력적이고 독재적이며, 심지어 피의 권력을 행사할 수 있는 가능성이 다분하다. 이에 대해서는 반론의 여지가 없다."고 말한다. (Foucault, 재인용 Gane 1986 : 86) 민중의 정의에 대한 이런 견해는 1960, 70년대에 상당히 일 반적으로 받아들여졌다. 특히 푸코 본인의 활발한 정치 참여를 고려해 보면 이 주장은 일관성을 확보하고 있는 것으로 볼 수 있다.

하지만 실제 역사적 사건과 관련되어 질문을 받았을 때, 푸코의 대답은 그다지 명쾌하지 못했다. 예를 들어, 제2차 대전 중에 독일군 과 관계를 맺었다는 의심을 받은 프랑스 여성들이 삭발을 당한 채 군중들에게 공개적으로 모욕을 당했으나, 진짜 공모자는 대중의 보복을 피해 달아났다. 이에 대해 푸코는 다음과 같이 제안한다. "토론 이나 정보 공개를 통하여, 군중들이 실제로 가지고 있는 보복에 대한 욕구가 충족될 수 있는 제도적 장치를 마련하는 것이 반드시 필요하다."(Foucault 1980c : 29)

푸코의 발언은 정확한 정보가 주어진다면 일반 군중들이 폭도로 변하는 것을 막거나 보복을 하지 않을 수도 있음을 암시한다. 하지만 이는 현실적으로 실현되기 어렵다. 실제로 2001년 영국의 한 지방에서 발생한 사건은 푸코의 발상이 진부한 것이었음을 증명한다. 당시 법정에서는 어린이 성추행범 피의자들에 대한 재판이 진행되었는데, 군중들은 그 피의자들을 공격하려고 법정 밖에서 기다리고 있다가 실제로 유죄판결을 받은 피의자들의 집을 공격하기도 하였다. 이 중에는 실수로 잘못 기소를 당한 경우도 몇 건 있었는데, 이렇게 잘못된 정보로 인하여 군중들에게 보복을 당한 사람들에게 푸코식의 진부한 자세가 얼마나 설득력이 있을지는 좀 더 생각해 볼 일이다.

그럼에도 불구하고 푸코의 접근법이 의미 있다고 한다면, 군중들의 보복 행위를 비난했던 대중매체의 평론가들과 달리 푸코는 성난 군중들을 무지하고 야만적이라고 매도하기보다는 그런 행위의 필연성에 대해 최소한의 철학적 사유를 시도했다는 것이다.

푸코는 여러 다른 연구자들과 함께 『나, 피에르 리비에르』(1973)를 출간했는데, 이 책은 1836년 자기 가족 세 명을 살해한 죄로 기소된 당시 20세의 리비에르라는 청년의 고백을 담고 있다. 푸코는 세미나를 조직하여 리비에르의 삶과 살해 동기, 가족 관계 등을 상술한 40쪽 분량의 자백서를 연구한 후, 이 자백서를 당시의 정신과 의사의 소견서와 기자들이 작성한 기사, 그리고 법정 기록문 등과 함께 묶어 출간했다. 그런데 푸코는 이 자백서에 대해 논평할 때조차 가치 판단을 유보하고, 대신 이를 "담론들 간의 담론을 통한 기이한 경쟁이며 대결이고, 권력관계임과 동시에 전쟁"이었다고 담담한 어투로 서술한다.(Foucault 1978 : 12) 바로 이 무덤덤한 자세가 푸코적 분석의 핵심이라 할 수 있다. 하지만 이는 여성에 대한 남성의 폭력이 지니는 체계성을 은폐시킬 수 있음을 의미하기도 한다. 더 문제성이 있는 부분은 푸코가 처참하게 살해된 리비에르의 어머니와 형제, 누이가 당연히 누려야 할 권리에 대해 침묵했다는 것이다. 푸코가 이 사건을 선택했다는 사실로 미루어 짐작컨대, 그는 피에르 리비에르를 옹호하고 있다고 볼 수도 있을 것이다.

리비에르 사건처럼 논란의 여지가 있는 주제를 다룰 때는 위험부담이 따르기 마련이다. 그러나 푸코와 같은 이론가들에게는 사회에서 버림받은 사람들마저도 포용하고 분석할 수 있는 준비가 되어 있음을 보여줌으로써 자신의 이론적 작업이 지니는 과감성을 한층 더 돋보이게 할 수도 있다. 동성애자나 광인 혹은 여성은 스스로 사회적 주변인이 되기를 선택하지 않았다는 의미에서 이들을 분석하는 작업은 분명 칭찬받아 마땅한 일이다. 하지만 의도적으로 사회에 물의를 일으키고 타인의 권리와 생명을 앗아간 사람들에게 초점을 맞추는 것은 전혀 다른 문제이다. 이렇게 프롤레타리아 집단이나 폭도 혹은 살인자의 권력을 옹호하는 것은 분명 논란의 여지가 있다. 그래서 이런 푸코의 작업은 보수적인 이론가들뿐만이 아니라 좌파 이론가들에게서도 많은 비판을 받고 있다.

권력과 저항

『성의 역사 : 제1권』에서 푸코는 "권력이 있는 곳에 저항이 있다."고 주장한다. 여러모로 보아 이 주장은 중요하면서도 논란의 여지가 다분하다. 먼저 이 주장은 생산적인 측면을 가지고 있다. 왜냐하면 이는 권력을 놓고 투쟁하는 두 축의 관계를 단순하게 주인/노예 혹은 지배자/피지배자의 관계로 환원시키지 않고도 사유할 수 있는 길을 열어 주었기 때문이다.

권력이 행사될 수 있는 관계가 존재한다는 것은 그에 저항하는 누군가가 존재함을 의미한다. 그렇기 때문에 양자 간의 관계에 저항이 존재하지 않는다면 그 관계는 권력관계가 아니라고까지 푸코는 주장한다. 푸코에게 저항은 권력이 행사되는 방식 속에 이미 아로 새겨져 있는written in 것이다. 그러나 저항이 권력 속에 이미 포함되어 있는 것이라고 가정한다면, 이는 자신의 목숨마저 희생시켜 가며 억압적인 정권에 저항하는 각 개인들의 실천적 능력agency을 축소시키는 것처럼 보일 수도 있다. 억압에 대한 저항이 정권에 협조하는 것보다 훨씬 더 어려운 일임을 감안한다면(팔레스타인 사태에 대한 국제사면위원회의 보고서나 뉴스만 잠깐 훑어보더라도 저항이 얼마나 힘든 일인지 깨닫게 된다.), 그리고 푸코의 권력 모델을 생각해 보면, 이 개인들이 그저 고분고분하기보다는 억압에 저항하고 도전하길 선택했다는 사실조차 설명하기 힘들 수도 있다. 결국 이 같은 권력과 저항 모델을 통해 푸코는 아마도 권력이 단순하게 제도나 정부가 개인을 억압하고자 사용하는 수단에 불과한 것이 아님을 강조하려 한 것이라고 할 수 있다. 즉, 푸코는 권력에 대한 저항이 우리가 생각했던 것 이상으로 훨씬 더 일상적인 것임을 암시한다. 이런 권력과 저항의 상관관계의 재정립을 통해 그는 수동적 피해자로서의 개인 개념을 극복하고자 시도한다.

몇몇 이론가들은 푸코의 권력 개념을 사회 분석에 직접 이용하여 저항의 복잡한 메커니즘을 포착하려 시도하거나 푸코의 사상을 더 구체화하기도 했다. 예를 들어, 『지배와 저항의 예술Domination and the Arts of Resistance』에서 제임스 스콧James Scott은 권력을 가진 자나 못 가진 자나 모두 권력관계의 틀 속에 갇혀 행동의 제약을 받고 있음을 보여 준다.(Scott 1990) 스콧에 따르면, 권력을 가진 자와 없는 자가 함께 있을 때는 각각 주인과 노예로서 행동하고 그에 준하는 언어적 관례를 따르지만, 상대방이 없을 때는 전혀 다른 방식으로 행동한다. 권력이 없는 사람은 자신의 동료 집단과 있을 때 자신의 상관을 조롱하고, 짓궂은 별명을 붙이며 그에게 모욕적인 이야기를 서슴없이 하는 경향이 있다. 반면에 권력자가 자신의 동료와 하는 이야기의 주제는 아랫사람들을 다루는 것의 어려움이나 자신의 지위에 따른 품위를 유지하는 것의 어려움 등과 관련된다. 스콧은 권력에 대한 연구의 어려움을 이렇게 토로한다. "권력이 없는 자는 권력자 앞에서 전략적인 몸짓을 하고, 권력자는 자신의 명성이나 품위를 유지하는 데 혈안이 되어 있는 상황에서 과연 어떻게 권력관계를 연구할 수 있겠는가? 만약에 우리가 겉으로 드러난 것만 받아들인다면 작은 전술적인 부분을 전체 권력관계로 확대 해석하는 오류를 범하게 된다."(Scott 1990 : xii)

따라서 스콧은 권력자와 권력이 없는 자의 행동 방식을 분석할 때는 언제나 그 둘이 함께 있을 때의 행동 방식과 더불어 동료와 함께 있을 때의 행동양식을 같이 고려해야 한다고 주장한다. 그에 따르면 권력이 없는 사람들은 일종의 "비밀 성적표hidden transcript"를 작성하는데, 이 비밀 성적표는 "지배 집단의 등 뒤에서 평가되는 권력에 대한 비판"이라고 할 수 있다.(Scott 1990 : xii) 권력자들도 마찬가지로 비밀 성적표를 작성하는데, 이 성적표는 다른 사람들에게 공개할 수 없는 자신만의 권력 유지 비결이라고 할 수 있다. 예를 들어서, 미국의 흑인 노예들은 백인 주인 앞에서는 미소를 지으며 그 권위에 복종할지 몰라도, 자신들끼리만 있을 때는 권력에 대한 비판을 멈추지 않는다. 문화적으로는 민담, 잡담, 노래를 통해서 권력을 비판하고, 실천적인 측면에서는 주인의 땅을 망가뜨리거나, 좀도둑질을 하고, 일을 할 때 느릿느릿 움직이거나 기타 비순종적인 행동으로 권력에 대한 비판을 수행한다. 결국, 권력관계를 분석하려면 공개적으로 드러나는 부분뿐만 아니라 비밀 성적표를 함께 분석하여 권력관계를 총체적으로 바라보아야 한다.

이론가들은 푸코의 권력 분석 방법을 이용하는 데 어려움을 호소한다. 이는 본질적으로 푸코의 방법이 해석이나 평가를 지향하지 않기 때문이라고 할 수 있다. 푸코의 작업이 유용하게 사용될 수 있는 상황이나 그가 작업을 직접 수행했던 곳은 바로 대중의 저항이 현존하는 곳이나 심적으로 지지하는 저항적 실천이 벌어지는 현장이었다. 이런 저항은 쉽게 관찰하고 분석할 수 있는 성질의 것이 아니기 때문에 더 체계적인 접근이 필요했다. 인도의 '서발턴 스터디 그룹 Subaltern Studies research group'이 푸코적인 분석을 수행하는 대표적인 예가 될 수 있는데, 이들은 제국주의 지식인들에 의해 무시되거나 사회 부적격자들로 낙인찍힌 집단들의 행동을 연구한다.(Guha and Spivak 1988 ; Guha 1994) 사회학자인 개빈 켄달과 개리 위컴에 따르면, "푸코적인 분석의 목적은 …… 저항이 권력을 추구하거나 권력에 반대하기 위함이 아닌, 권력의 일부분으로서 작동하는 방식을 설명하는 것이다."(Kendall and Wickham 1999 : 51)

그러나 이에 대해 반론을 제기할 수 있다. 분석 대상을 선택하는 행위 자체가 권력관계에서 하나의 정치적 입장을 취하는 행위가 될 수 있기 때문이다. 페미니스트 언어학자인 디어더 버튼Deirdre Burton의 주장에 따르면, 분석자의 정치적 입장을 명확하게 밝히지 않고 마치 객관적인 것처럼 위장하려는 시도는 결국 기존의 사회질서를 옹호하는 분석으로 나갈 수밖에 없다.(Burton 1982) 예컨대, 서발턴 스터디 그룹이 수행한 농민반란 분석은 계급적 이해관계가 배제된 객관적인 설명이 될 수 없으며, 또한 객관적이 되길 바라지도 말아야 한다. 푸코가 지식과 권력관계에 대한 분석에서 보여 주듯이(4장 참조), 순수하게 정보를 위한 정보, 객관적인 정보란 존재하지 않기 때문이다.

훈육에 의한 지배와 훈육의 사회

푸코는 역사적 시대마다 각기 다른 지배 형식을 통하여 권력이 작동한다는 사실에 주의를 기울인다. 『감시와 처벌』에서 그는 유럽에서 각 시대별로 권력이 행사되는 방식을 설명한다. 그에 따르면 18세기에는 범죄자의 처형을 대중적인 볼거리로 만들었으나, 근대에 들어서면서 범법자를 감금하고 감시하는 시스템으로 변화되었다. 『감시와 처벌』의 서두는 18세기 실제 처형 장면 묘사로 채워진다.

"1757년 3월 2일, 국왕 시해범 다미엥은 다음과 같은 형벌에 처해지도록 판결을 받았다. …… 그를 마차에 실어 끌고 가고, 이때 그에게 셔츠를 제외하고는 아무것도 입혀서는 안 되며, 손에는 밀랍이 타오르는 2파운드 무게의 횃불을 잡고 있어야 한다." …… 그러고는 "플라스 드 그레브Place de Greve에 있는 처형대 위에서 붉게 달구어진 집게로 그의 가슴과 팔과 허벅지와 종아리의 살을 도려낸다. 그의 오른손은 왕을 시해하는 데 사용된 칼을 쥔 채로 유황으로 태우고, 납과 끓는 기름과 불타오르는 송진과 밀랍과 유황을 함께 녹여 살점을 도려낸 곳에 붓는다. 그런 후, 그의 사지를 각각 네 마리의 말에 묶어 네 조각으로 찢고 불에 태워 재로 만든 다음 그 재를 바람에 날려 버린다."(Foucault 1991a : 9)

푸코는 그 다음 몇 쪽에 걸쳐 이 처형을 계획대로 실행하는 것의 어려움을 상세하게 기술한 다음, 이를 한 세기 이후에 작성된 교도소 수감자의 시간 규제에 관한 규칙 목록과 함께 병치시킨다. 전혀 다른 이 두 가지를 나란히 병치시킴으로써, 푸코는 한 세기 사이에 일어난 거대한 변화, 즉 범죄자에 대한 처벌이 공개 처형과 대중적인 스펙터클에서 감금과 감시로 변화되었음을 일목요연하게 보여 준다. 그러나 푸코에 따르면 이 변화는 처벌의 종류가 변화한 것에 불과할 뿐 진보나 질적인 향상을 의미하는 것이 아니다. "범죄를 줄이는 요인은 처벌을 받는다는 확실성이지 공개 처형의 무시무시한 스펙터클이 아니다."(Foucault 1991a : 9) 즉, 처벌 방법에서의 이런 급격한 변화—범죄자에게 견디기 힘든 고통을 가하는 것에서 오늘날 미국에서 시행되고 있는 약물 주사를 통한 (고통이 거의 느껴지지 않는) 처형으로의 변화—는 권력과 처벌의 메커니즘에 근본적인 변화가 진행되었음을 상징하지만, 그렇다고 해서 이것이 진보나 진화로 해석되어서는 안 된다는 것이다. 마찬가지로 현재 영국에서 잠재적 범법자를 통제하고자 실시되고 있는 전자 태그electronic tag 역시 반드시 더 인간적인 통제 수단이라고 할 수 없다.

푸코는 처벌에 일어난 이런 급작스런 변화와 상관성을 가지고 있는 것으로 권력의 사회적 행사 방식의 변화를 꼽는다. 예를 들어 과거 정권에서 국왕은 국가의 화신으로 여겨졌으며 따라서 권력은 국왕을 중심으로 해서 위에서 밑으로 분배되었으나, 현재는 권력이 사회 시스템을 통해 행사된다. 공개적으로 고문을 하고 처형하는 것은 국왕의 권력을 대중들에게 각인시키는 방법이었다. 하지만 국왕의 절대 권력에서 벗어나는 것이 민주주의의 발전으로 인한 필연적 결과만은 아니다. 인터뷰 글인 「감옥 이야기Prison talk」에서 푸코는 다음과 같이 말한다. "이 사회에서 궁전이나 국왕과 같은 특정 요소들이 사라진 것은 새로운 국지적 모세혈관과 같은 권력 행사 방식이 제도화된 데 기인한다."(Foucault 1980d : 39) 푸코의 설명은 절대군주제가 사라진 것이 사회 내부 권력관계의 변화에 기인하며, 이 변화는 밑으로부터 서서히 느껴짐을 의미한다. 이런 관점은 역설적이면서도 정치적 변화에 대한 기존의 관점을 뒤집는 것이다.

　『감시와 처벌』에서 푸코의 또 다른 관심사는 훈육discipline이 현대 사회에 깊숙이 스며드는 방식인데, 여기서 훈육이란 사회제도에 의하여 권장되고 있는 자기 규제의 한 방식을 의미한다. 푸코의 훈육을 통한 지배에 대한 분석은 상당히 흥미롭다. 무엇보다도 그는 정권을 억압적인 것으로 해석하기보다는 정권이 광범위하고 다양한 종류의 메커니즘과 테크닉을 통해 권력을 행사하는 방식을 분석하고 있기 때문이다. 그는 병원, 감옥, 대학과 같은 여러 가지 제도를 검토하고, 각각의 제도들이 공통적으로 가지고 있는 훈육 방식을 분석한다. 훈육은 각 개인들이 내화internalize하고 있는 통제의 유형이라 할 수 있다. 예를 들자면, 시간 엄수, 자세와 생리적 현상의 통제, 집중, 즉각적인 욕망과 감정의 억제 등이 여기에 포함되는데, 이 모든 요소들은 훈련의 결과로서 얻어지는 것이며 동시에 이런 행동을 통하여 각각의 개인은 외부에서 주어지는 일련의 사회적 절차에 자신을 종속시키게 된다. 따라서 훈육의 궁극적 목표는 자기 스스로 자신을 통제하는 것이라고 할 수 있다. 서구 문화 내에서 이런 훈육의 규범은 각 개인들에 의하여 아주 철저하게 내화되어 있는 탓에, 이들이 사회제도에서 파생되는 것이 아닌 것처럼 경험될 수도 있다.

사실 시간을 지키거나 생리적 현상을 절제하는 것과 같은 행위들은 아주 자연스럽고 심지어 타고난 것처럼 보이기도 한다. 따라서 끊임없이 욕망과 변덕을 제어하지 않는다면, 또 교육과 부모의 통제를 통하여 어린아이들에게 자신의 행동과 감정을 조절할 필요성을 가르치지 않는다면, 우리의 삶이 어떻게 될지 상상할 수조차 없을 때도 있다. 폴 패튼Paul Patton에 따르면, 훈육에 대한 이런 관점은 자본주의가 작동하는 방식을 분석하는 데도 흥미로운 시사점을 던져 준다. "독재적이거나 위계질서에 근간한 것은 자본주의적 생산 방식이 아닐 수도 있다. 자본주의적인 것은 훈육을 통한 생산이다. 하지만 훈육을 통해 노동력을 조직화하는 것은 엄밀한 의미에서의 자본주의적 생산 방식이 아니더라도 존재한다."(Patton 1979 : 124) 공산주의 체계에서 발전된 구소련의 훈육 방식이 이 경우에 해당한다고 할 수 있다. 구소련에서는 사회 전체가 극단적인 훈육의 정권에 종속되어 있었는데, 개인의 자유와 자기표현에 대한 억제가 산업화를 추진하는 데 꼭 필요한 것이었다고 할 수 있는 반면에, 공산주의와 극단적인 자유의 억압 사이에 어떤 관계가 있는지 조심스럽게 분석해 볼 필요가 있다.

푸코에게 훈육이란 일련의 전략과 절차와 행동 방식이라 할 수 있으며, 이는 특정 제도들과 연관되어 있어서 우리의 일반적인 사고와 행동 방식에 깊숙이 스며든다. 감옥이라는 배경을 바탕으로 발전한 훈육에 의한 지배는 오늘날 직장, 군대, 학교, 대학에 널리 스며 있다. 푸코는 감옥의 훈육 구조가 여러 방식을 통하여 다른 제도 속으로 침투하고 그 구조를 결정지을 수 있음을 암시하고 있다. 하지만 그는 어떤 방식을 통하여 감옥의 관행들이 다른 사회 제도에까지 퍼져들어 갔는지 설명하지는 않는다. 바로 이 지점이 푸코의 훈육 이론에서 가장 이해하기 어려운 지점이며, 심지어는 모순적으로 보이는 대목이다. 도넬리에 따르면, "푸코는 무대 뒤에서 꼭두각시 인형의 줄을 잡아당기는 어떤 보이지 않는 손이 있다는 생각 자체를 거부한다. 그렇다면 푸코는 어떤 비인간적인 힘을 상정하고 있기에 훈육을 사람들이 사회질서를 잡아 가는 전략이라고 이야기할 수 있는가?"(Donnelly 1986 : 29)

이와 아울러 훈육에 의한 지배 개념과 관련하여 또 다른 문제를 제기할 수 있다. 즉, 훈육의 관행들이 각 개인들의 내부에 깊이 각인되어 자연스러운 것이 되었다면, 개인들이 이 훈육 관행들에 저항하는 것이 불가능해지게 된다. 이는『성의 역사』에서 푸코 자신이 발전시킨 이론과 상충된다.『성의 역사』에서 그는 권력이 있는 곳에 저항이 존재한다고 주장하고 있기 때문이다.

페미니스트 비평가인 샌드라 바키의 주장에 따르면, "인간 역사의 가장 큰 특징이 통제에 대한 집단적 저항이라 할 수 있는 있는데, 푸코는 종종 그것의 의미와 성격을 규정지을 수 있는 어휘들을 강탈해 버린다."(Bartky 1988 : 79) 우리는 여기에서 푸코의 주장을 액면 그대로 받아들이기보다는 그 행간을 읽어야 하며, 페미니스트 및 다른

이론가들의 주장은 푸코에게 생략된 저항의 어휘들을 제공하려는 시
도로 해석할 필요가 있다.

　푸코의 이론을 사용하는 이론가들이 가장 많이 인용하는 훈육 구
조 중 하나는 원형 감옥으로, 『감시와 처벌』과 인터뷰 「권력의 눈The
Eye of Power」(1980f)에서 주로 논의된다. 원형 감옥은 18세기 철학자
제러미 벤담Jeremy Bentham이 묘사한 건축 장치로 감옥에서 수감자들
의 감시를 용이하게 만들기 위한 수단이라고 할 수 있다. 원형 감옥
의 간수는 보이지 않는 곳에서 수감자들을 감시할 수 있고, 수감자
들은 상호 간 의사소통을 할 수 없도록 되어 있다. 「권력의 눈」에서
푸코는 이 원형 감옥을 다음과 같이 그리고 있다.

　원형 감옥은 반지 모양으로 된 원형 건물이다. 이 건물의 중앙에는 반
지의 내벽과 마주보고 있는 거대한 유리창으로 된 탑이 있다. 반지 모양
의 외부 건물은 작은 방들로 나뉘어 있고, 각 방의 크기가 건물 전체의
두께와 일치한다. 각 방에는 두 개의 창문이 있는데, 하나는 건물의 안쪽
으로 나 있어서 중앙 탑의 창과 마주보고 있으며, 다른 창은 밖을 향해
나 있어서 햇볕이 들어올 수 있도록 되어 있다. 이제 필요한 것은 중앙
탑에 감시자 한 명을 두고, 각 방에는 광인이나 환자, 범죄자나 노동자
혹은 학생들을 수용하는 것이다. 건물로 들어오는 빛의 역광 효과로 인하
여 중앙 탑에서는 각 수감자들의 실루엣을 관찰하기가 용이하다. 즉, 지
하 감옥의 원칙이 역전된다. 빛과 감시자의 응시는 지하 감옥의 어둠보다
도 훨씬 더 효과적으로 수감자들을 감시할 수 있게 해 준다. 사실 어둠은
수감자들을 보호해 주는 효과가 있었다.(Foucault 1980f : 147)

감옥이나 학교, 혹은 공장에서 감시의 효과를 극대화하기 위해 공간을 조직화하는 방식을 분석하여 푸코는 새로운 형태의 훈육 관행이 발생하고 있음을 주장한다. 즉, 사람들은 감시를 받지 않을 때조차 감시받고 있는 것처럼 행동해야 하는 것이다. 따라서 이런 형태의 공간구조는 특수한 권력관계와 행동 통제 방식을 생산하게 된다.

21세기에 남아 있는 원형 감옥의 잔재는 영국 도심가에 설치되어 있는 폐쇄회로CCTV 카메라에서 찾아볼 수 있다. 시민들이 도심 거리에 CCTV 카메라가 설치되어 있고, 그 화면을 경찰들이 보고 있다는 사실을 알고 있다는 것만으로도 그 지역에서 일어나는 작은 범죄들을 억제하는 효과가 있다. 즉, 훈육의 구조가 효과적으로 작동하려면 시각적 감시가 필요하다는 것이다. 비평가 배리 스마트에 따르면, "중요한 것은 위계질서에 의한 감시를 통해 행사되는 권력은 개인의 소유물이나 재산이 아니라는 사실이다. 권력은 오히려 기계적인 성격을 가지고 있으며, 이 기계를 통하여 권력이 생산되고 개인은 항구적이고 연속적인 사회의 장field으로 분산된다."(Smart 1985 : 86)

원형 감옥 속의 개인은 훈육의 응시를 내화해야만 한다. 그 결과 "시각적 감시에 노출되어 있고 또 그 사실을 지각하고 있는 개인은 권력이 강제하는 책임을 떠안고 그 책임이 자연스럽게 자신의 행동을 규제하도록 만든다. 또한 동시에 각 개인은 그 책임 속에 내포되어 있는 권력관계를 자신의 일부로 만듦으로써 권력관계의 주체이자 객체로서 역할을 하게 된다. 즉, 개인은 스스로 자신의 주체화와 종속화subjection의 원리가 된다."(Foucault 1991a : 202-203) 따라서 권력이 물질적으로 행사되는 곳, 즉 정치적 권위를 가지고 있는 사람이 권

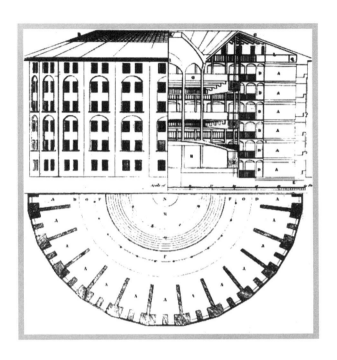

제러미 벤담이 고안한 '파놉티콘'

원형 감옥의 간수는 보이지 않는 곳에서 수감자들을 감시할 수 있고, 수감자들은 상호 간 의사소통을 할 수 없도록 되어 있다.

감옥이나 학교, 혹은 공장에서 감시의 효과를 극대화시키려고 공간을 조직화하는 방식을 분석하여 푸코는 새로운 형태의 훈육 관행이 발생하고 있음을 주장한다. 즉, 사람들은 감시를 받지 않을 때조차 감시받고 있는 것처럼 행동해야 하는 것이다. 따라서 이런 형태의 공간 구조는 특수한 권력관계와 행동 통제 방식을 생산하게 된다.

력이 없는 사람들의 육체에 고문을 가하는 바로 그곳에서 새로운 권력관계의 형식이 발전하는 것은 아니다. 오히려 각 개인이 가해자와 피해자 "두 가지 역할을 동시에 수행한다." 어쩌면 가해자는 존재하지 않을 수도 있다. 단지 수감자들이 감시자들이 부과하는 행동 코드를 철저하게 내화하여 감시자들이 없을 때조차 마치 감시를 당하는 양 행동하는 것이다.

원형 감옥이 가지고 있는 공간적 상징성과 동시에 새로운 형식의 권력관계에 대한 메타포로서의 가치는 식민 공간의 풍광을 설명하고자 했던 탈식민주의 이론가들에게 큰 영향을 주었다. 예를 들어 영국의 여행자들이나 식민 관료들의 눈초리는 관찰과 훈육의 기능을 할 뿐만이 아니라, 미래 식민지 개척에 필요한 지식을 생산하는 장이 될 수도 있다.(Pratt 1992) 따라서 대개 산꼭대기에 올라가 지평선 너머까지 광활하게 펼쳐진 텅 빈 대지를 내려다보며 식민 공간의 풍경을 묘사하는 영국 여행가들의 기행문은 식민 착취에 적당한 곳이 어딘지를 설명해 주는 것으로 해석될 수 있다. 원형 감옥에서와 마찬가지로, 제국의 여행가는 높은 곳에서 밑에 있는 사람들의 모습과 땅을 관찰하게 되는데, 바로 이런 지정학적 위치를 통하여 그 여행가는 자신의 발밑에 있는 사람들과 땅에 대하여 권위를 행사할 수 있게 된다.

하지만 종종 원형 감옥의 의미가 지나치게 확대 해석되는 경우도 있다. 예를 들어, 어떤 비평가들은 쇼핑몰이나 대학 강당, 혹은 체육관 등의 건축 디자인에서도 원형 감옥의 흔적을 찾고자 한다.(Kendall and Wickham 1999) 이는 훈육의 구조물로서 원형 감옥의 상징성에 대한 푸코의 분석을 확대 해석한 경우라고 할 수 있다. 그럼에도 불구하고, 건축의 특수한 공간 논리가 권력관계에 대한 메타포로 분석될 수 있다는 것은 의미 있는 일이라 하겠다.

푸코에게 또 한 가지 중요한 것은 '통치governmentality' 개념이다. 푸코는 이 통치 개념을 통하여, 누가 통치를 하고 누가 통치를 받는지뿐만 아니라 누군가를 특정한 방식으로 행동하게끔 만들 수 있는 수단이 무엇인지를 분석한다.(Foucault 1991c) 비평가 콜린 고든Colin Gordon에 따르면, "푸코는 통치를 서구 사회에서 정부가 발전하는 과정 속에 나타나는 특징적인 (하지만 문제성 있는) 속성으로 보고 있다. 서구 사회의 정부는 정치적 주권의 한 형식으로 발전해 나가는 경향을 가지며, 이 속에서 정부는 모든 이의 정부임과 동시에 개별 주체의 정부가 되기도 한다. 따라서 정부의 근본적인 관심사는 총체화하는 것임과 동시에 개별화하는 것이다."(Gordon 1991 : 3)

통치를 분석하는 것의 장점은 국가나 정부에 편향되어 있는 연구의 초점을 분산시킬 수 있다는 것이다. 아마도 푸코의 권력 분석에서 가장 생산적인 부분은 그가 권력 자체를 결코 성공할 수 없는, 따라서 총체적 지배라는 목적을 성취할 수 없는 것으로 보고 있다는 사실이다. 만약 권력이 정부나 경찰과 같은 특정 제도나 기관에서 생성되는 것이 아닌 사회적 관계의 산물이라고 한다면, 권력이 위로부터 수직적으로 부과되는 것이 아닌 모든 사회적 관계 속에 분산되어 있는 것이라고 한다면, 권력이 안정적으로 고정된 것이 아니기 때문에 계속해서 보수가 필요한 것이라고 한다면, 그리고 권력이 억압적이라기보다는 생산적인 것이라고 한다면, 권력관계를 단순히 부정적이고 억압적인 것으로 보기는 어려울 수밖에 없다.

또한 푸코는 권력의 분산을 강조함으로써 억압적 권력관계에 저항할 수 있는 인간의 실천적 능력을 경시하는 듯하면서도, 저항의 방법을 공식화할 수 있는 수단을 제공해 주기도 한다. 권력의 분산과 그에 따른 저항의 분산이라는 개념은 여러 저항 세력들에게 활용되기도 하는데, 2000년 무렵에 결성된 전 세계적인 반자본주의 평화 환경주의자 동맹인 '저항의 지구화Globalise Resistance' 그룹이 대표적인 경우라고 할 수 있다. 이 저항 그룹의 주장에 따르면, 세계은행World Bank이나 국제금융기금(IMF)과 같은 전 지구적 조직에 대한 저항이나 다국적기업의 성장에 따른 경제적 세계화에 대한 저항을 시도할 경우, 세계 각지의 다양한 배경을 가진 사람들과 그들의 다양한 의제를 한데 모음으로써 저항 방식 자체를 다양화하는 것이 가장 효과적인 방법이다. 이들이 주도하는 반세계화 운동은 한 가지 쟁점에 대하여 대규모 집회를 열거나 정부에 탄원서를 올리기보다는 여러 가지 방법을 동원하여 자신들의 의견을 표출하는 것으로, 예를 들어 전통적인 탄원서를 쓰는 것부터 시작해서 더 혁신적인 방법으로 집단 전자메일망을 사용하기도 한다. 그들은 또한 다양한 항의 집회를 열기도 하는데, 세계열강들의 정상회담이 열리는 도시의 한 부분을 점령하여 시위 집회를 갖기도 하고, 쉘Shell 주유소나 맥도날드 불매운동을 주도하고 그 앞에서 시위를 하기도 한다.

결국 우리가 한 나라의 정부를 권력의 유일한 원천이 아니라고 가정한다면, 권력에 대한 저항 역시 정부 이외의 다른 목표점을 설정해야 하며, 또한 의사 표현 방식 역시 그저 대통령이나 수상에게 탄원서를 쓰는 것에 그치지 말고 더 효과적인 방법을 찾아야만 한다. 이런 분산된 저항 전략에는 분명 부정적 측면이 내재하고 있다. 특히 폭넓은 의제를 수렴하고 다양한 목표를 세운 상태에서는 저항운동 자체를 체계적으로 조직화하기 힘들고, 심지어 성취하고자 하는 목표에 대한 합의점을 도출해 내기가 힘들다. 하지만 아마도 푸코는 경제적·사회적 세계화가 이루어진 공간에서의 복잡한 권력관계에 저항하는 전략이 반드시 일원화되고 체계적일 필요는 없다고 주장할 것이다.

제도와 국가

푸코는 제도의 억압성만을 강조하는 경향에서 탈피하고자 시도한다. 마르크스주의자들은 정치 분석에서 국가를 중심에 두는 경향이 있는데, 바로 이 부분에서 푸코는 마르크스주의자들과 의견을 달리 한다. 하지만 역설적으로 표현하자면, 푸코는 마르크스주의자들에게서 큰 영향을 받았다고 할 수 있다. 왜냐하면 푸코는 자신의 이론 속에서 마르크스주의적인 요소를 철저하게 배제하려고 했기 때문이다. 그는 "국가론"을 생산하지 않으려고 많이 절제했는데, 이는 "사람들이 소화할 수 없는 음식을 절제하는 것과" 같은 이치라고 한다.(Foucault, 재인용 Gordon 1991 : 4) 그의 주장에 따르면, 이론가들은 종종 국가와 제도의 견고함과 항구성을 전제하는데, 바로 이 때문에 변화의 가능성과 권력의 유약함에 대한 분석을 게을리 한다는 것이다. 그는 "통치" 개념과 관련된 논문에서 다음과 같이 주장한다.

국가의 문제를 과장하는 것은 역설적인 결과를 가져온다. 왜냐하면 이는 명백하게 환원론적인 것이기 때문이다. 이런 종류의 분석은 국가를 몇 개의 특수한 기능, 즉 현재의 생산관계를 재생산하는 데 필요한 생산력을 발전시키기 위한 도구와 같은 것으로 환원시킨다. 하지만 국가의 중요성을 이런 환원론적인 관점에서 보게 된다면, 그것을 국가를 전복시켜야만 하는 절대적 핵심이나 혹은 반드시 차지해야만 하는 특권적 요소로 격상시켜 버릴 위험이 있다. 역사의 어느 시점에서도 국가는 이런 통일성이나 개별성과 엄격한 기능을 가진 적이 없으며, 솔직하게 말하면 이 정도의 중요성마저도 가진 적이 없다. 아마도 국가는 합성된 현실 혹은 신화화된 추상 그 이상의 것은 아닐지도 모르며, 그것이 갖는 중요성도 우리가 생각하는 것 이상으로 제한적인 것일 수도 있다.(Foucault 1991c : 103)

즉, 푸코는 국가를 하나의 개인처럼 의지와 의도를 지니고 있는 초인간적인 행위자인 양 취급하려는 경향과 결별하려 하는 것이다. 이것을 더 자세히 설명하려면 국가 개념이 갖는 복잡성을 분석할 필요가 있다. 영국의 경우 국가는 국민에 의해 선출된 대표자인 하원 의원으로 구성된다. 각 의원들은 자신만의 개인적이고 정치적인 의제와 야망을 가지고 있지만, 우선적으로 자신이 속한 정당의 정책은 물론이고 내각의 규율과 타협해야 한다. 또한 하원 의원들은 내각과 수상의 통솔을 받으며, 내각과 수상은 다시 행정부에 종속되어 있다. 행정부 역시 하부 여러 부서와 사람들에 의해 운영되며, 각각의 사람들과 부서는 마찬가지로 자신들만의 개별적인 의제를 가지고 있다. 하원은 다시 개별적인 의제를 갖고 있는 상원 의원의 관리와 통제를 받는다. 다시 말해서 국가 개념은 정책적인 요소들과 더불어 사법제도와 정부에 의해 제공되는 모든 종류의 서비스를 모두 포괄하는 개념이다. 이런 상황에서 우리가 정부만을 따로 떼어 분석한다면, 이 정부는 국가의 매우 작은 부분에 불과할 것이다. 따라서 우리는 국가가 하나의 통일성 있는 목표를 가지고 있다고 단정할 수 없다. 그렇다고 해서 국가가 다양한 경로를 통하여 개인에게 행사하는 권력을 부정하는 것은 아니며, 오히려 국가의 개념과 관련된 다중적이고 상호 모순되는 요소들이 존재함을 각성시키고자 하는 것이다.

푸코에게 국가가 중요하지 않다는 것이 반드시 국가 개념 자체가 불필요한 것임을 의미하지는 않는다. 중요한 것은 권력관계를 검토하는 데 국가의 울타리를 벗어나 분석의 영역을 확장시키는 것이다.(Foucault 1979) 그의 논문 「진리와 권력」에 따르면, "국가가 아무리 전지전능한 제도라고 할지라도 실제 권력관계의 모든 영역을 다 포괄하지는 못한다."(Foucault 1980b : 122) 즉, 부모와 자식 관계, 연인 관계, 고용자와 피고용자 관계 등을 포함한 모든 종류의 인간관계는 권력관계이다. 각각의 상호 관계 속에서 권력은 타협의 대상이 되며, 이 타협의 과정을 통하여 각 개인들은 사회적 위계질서 내에 편입된다. 물론 이 위계질서는 고정된 것이 아닌 탄력적이고 가변적이며, 어떤 의미에서는 잘못된 것이다.

페미니스트 언어학자인 조안나 손바로우Joanna Thornborrow는 이런 푸코의 이론에 기대어 제도적 지위와 국지적 지위를 구별한다. 제도적 지위는 의사나 경찰관처럼 제도권 내에서 자신이 차지하는 위치에 따라 부여받는 지위를 의미하는 반면, 국지적 지위는 한 사람이 타인과의 특수한 상호 관계 속에서 확보하고자 하는 지위를 의미한다.(Thornborrow 2002) 이 두 지위는 상호 작용하며 정보를 공유한다. 하지만 일반적으로 이 둘은 개별적으로 분석되는 경향이 있다. 한 사람의 국지적 지위는 언어를 전략적으로 사용함으로써 변화될 수 있다. 예컨대 제도적 지위가 낮은 사람은 높은 지위에 있는 사람을 대할 때 전복적인 언어를 사용하여 상대적으로 우월한 심리적 지위를 차지할 수 있다. 반면에 제도적 지위는 이런 언어적 수단만을 통해서는 바뀌지 않는다.

푸코는 제도가 개인에게 미치는 역할을 뼈저리게 느꼈다. 단지 그는 제도와 개인과의 관계를 억압과 구속이라는 관점으로만 한정짓지 않고자 했을 뿐이다. 그가 하고자 했던 바는 지금까지의 비판이론이 도외시해 온 저항의 개념에 초점을 맞추고, 권력관계 내에서 가능한 저항의 방법을 발굴하고 이론화하는 것이었다.

의도와 의지

제도와 권력에 관한 푸코의 이론에서 중요한 요소 중 하나는 의도와 그 결과 사이의 괴리에 대한 이론으로, 이 문제는 그의 인터뷰 논문 「권력과 성」(1988d)에서 다루어진다. 예를 들어, 법인法人은 대개 명시적인 설립 의도를 가지고 있으며, 이를 통하여 자신들의 분명한 목표와 운영 원리를 사회에 공표한다. 하지만 종종 이런 명시적 의도와 실제 현상 사이에 결정적인 괴리가 나타나기도 한다. 아무리 복잡한 법인일지라도 개인과 마찬가지로 분명한 목적성을 가지고 운영된다는 생각은 우리가 사회구조의 작동 방식을 사유하는 데 종종 환원주의에 빠지도록 만들기도 한다. 푸코의 주장에 따르면, "자본주의의 존재 이유는 노동자들을 굶겨 죽이는 것이 아니라 노동자를 굶기지 않고는 자본주의가 발전할 수 없다는 것이다."(Foucault 1988d : 113)

따라서 마르크스가 주장한 바처럼 가난은 자본주의의 필연적 결과이지만, 푸코는 가난이 자본주의의 목적 혹은 의도는 될 수 없다고 주장한다. 즉, 자본주의가 전체를 관통하는 하나의 기획을 가지고 작동한다고 보기 어렵다는 것이다. 자본주의 역시 하나의 시스템으로, 여러 가지 모순된 충동들과 각기 자신만의 의제와 고유의 작동 방식이나 목표를 가지고 있는 제도들의 집합체이다. 그러므로 자본주의를 분석하는 데 반드시 각 제도들이 작동하는 방식과 아울러, 각 제도의 내부와 외부에 존재하는 개인과 집단의 요구와 저항에 통제받는 방식을 함께 검토해야만 한다.

일례로 영국의 국립 보건병원의 경영 문제를 살펴볼 수 있다. 이 병원은 정부의 정책과 목표에 제약을 받는다. 특히 이 병원은 정부가 할당한 예산이나 가용 자원의 규모뿐만 아니라 다른 사설 병원과의 관계에서도 상당한 제약을 받는다. 이들은 또한 외부의 여러 개인이나 집단의 요구에도 제약받는데, 예컨대 지역의 단체들이나 건강 감시인 혹은 의료사고에 대하여 금전적인 보상을 받으려는 사람들의 요구에 직면한다. 분명 이 병원은 나름의 경영 구조를 가지고 있고, 병원의 경영자들은 현재의 방향에 대하여 합리적인 의사 결정을 내린다. 그렇지만 그들의 의사 결정권은 병원의 다른 여러 주체들이 설정한 범위 내에 한정되어 있고, 아울러 그들은 기존의 병원

운영 절차를 준수해야만 한다. 병원의 경영자들은 지역사회에 최상의 의료 서비스를 제공하는 것을 목적으로 할 수 있다. 하지만 그들의 정책은 금전적 제약처럼 그들이 통제할 수 없는 요소로 인해 수정될 수밖에 없다. 결국 그들의 결정은 전혀 예상치 못한 결과를 가져올 수도 있으며, 그들이 의도하지 않은 위기에 연루되게 할 수도 있다. 따라서 병원의 경영권자는 병원이 운영되는 방식에 최종적 책임을 떠맡고 있기는 하지만, 그 경영권자가 병원의 경영 정책을 결정하는 유일한 사람은 아니다. 이렇게 의도와 결과를 분리하여 사유하게 되면, 어떤 제도와 그 제도의 목적을 직접적으로 연결시키는 단순한 사유 방식에서 탈피할 수 있으며 이와 동시에 사회의 권력관계를 전혀 다른 방식으로 이론화할 수 있는 길이 열리게 된다.

이 책의 마지막 장에서 다시 한 번 논의되겠지만, 푸코는 단순 명료한 인과관계보다는 부수적인 사건들에 초점을 맞춘다. 푸코에 따르면, 우리는 과거 사건을 분석할 때 그 사건에 대한 단순 명료한 원인을 찾는 경향이 있다. 예를 들어, 제2차 세계대전 당시 나치는 소련을 침공했다가 패퇴하고 말았는데, 그 패배의 원인으로 소련의 혹독한 겨울에 대한 대비에 소홀했다는 주장이 종종 제기된다. 하지만 이런 단순한 인과관계를 통한 분석은 독일 군대가 패배할 수밖에 없었던 여러 부수적인 요인들을 도외시하는 결과를 낳는다. 즉, 러시아의 군대는 겨울 군복을 준비했던 반면에 독일군은 그렇지 못했고, 독일군은 침공 시 전방에 비독일군 군대를 배치했고, 러시아 침공을 기획할 때 독일군 장교들의 열의가 부족했을 뿐더러 히틀러가 지나친 자만심에 빠져 있기도 했었다. 하지만 독일군을 패배로 이끈 이

104

런 여러 부수적인 요인 중에서 어느 하나가 다른 어느 것보다 더 중요하다고 볼 수는 없다. (Beevor 1999)

단순한 인과관계를 바탕으로 역사를 설명하게 되면 글 쓰는 일 자체는 훨씬 더 쉬워질 수 있을지 몰라도, 과거 사건의 복잡성과 혼란스러운 성격을 드러내지는 못하기 마련이다. 그러므로 분석자는 과거의 복잡성 그 자체를 있는 그대로 분석하려고 노력해야 한다. 권력관계를 분석할 때에도 부수적인 요인들을 하나하나 꼼꼼히 분석하는 것이 단순한 인과관계를 찾는 것 이상으로 중요한 의미를 갖는다. 부수적 요인들을 분석함으로써 우리는 권력이 모든 종류의 관계와 사건과 행위를 통하여 사회 전체에 분산되는 방식을 분석할 수 있으며, 또한 권력이 작동하는 방식을 검토할 수 있기 때문이다.

결론

푸코는 개인이 제도나 국가와의 관계에서 약자라는 가정을 전제하지 않고 개인과 더 큰 사회와의 관계를 분석한다. 그렇다고 해서 제도가 개인에게 부과하는 제약들을 축소시키지는 않는다. 오히려 대부분의 이론적 작업 속에서 그는 제도가 개인에게 영향을 미치는 방식에 초점을 맞춘다. 하지만 권력이 사회 전체를 통해 분산된다는 점을 강조함으로써, 푸코는 권력이 모든 종류의 상호 작용 속에서 발현되며 따라서 각각의 상호 작용 속에 내포된 저항에 직면할 수밖에 없음을 밝혀낸다.

이런 관점에서 보면 권력은 어느 정도 불안정한 요소가 되어 버리고 만다. 왜냐하면 권력이 절대적인 것이 아닌 언제든 도전을 받을 수 있는 것이 되기 때문이다. 따라서 권력이 생명을 유지하려면 끊임없이 권력관계를 새롭게 하고 보수해야만 한다. 결론적으로 푸코의 권력 분석은 권력관계에 대한 전혀 새로운 분석 방식을 촉발시켰으며, 또한 권력을 사유하는 데 단순한 수동적 억압보다는 저항에 초점을 맞출 수 있는 계기를 제공했다.

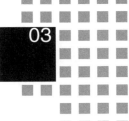

03

담론

Michel Foucault

담론의 의미

담론은 푸코의 저작 속에서 가장 흔히 사용되는 용어임과 동시에 가장 모순된 말이기도 하다. 푸코 자신도 저작을 통틀어 여러 차례 다른 방식으로 이에 대한 정의를 내리고 있는데, 여기에서는 『지식의 고고학』(1972)과 「담론의 질서The order of discourse」(1981)에서 사용되는 담론의 의미를 중심으로 정리해 보고자 한다. 『지식의 고고학』에서 사용되는 담론은 "일반적인 모든 언술statement의 영역"을 지칭하며, 이는 때에 따라서 "개별화될 수 있는 언술의 집합체 혹은 여러 언술을 설명해 줄 수 있는 규범화된 관행"을 말하기도 한다.(Foucault 1972 : 80)

"일반적인 언술의 영역"이라는 말이 뜻하는 바는 구체적인 의미를 가지고 있고 어떤 사회적인 결과를 초래할 수 있는 모든 종류의 발화發話 · utterance와 언술言述 · statement이 담론으로 규정될 수 있음을 말한다. 또한 담론이 "개별화될 수 있는 언술의 집합체"라는 의미로 사용될 경우, 이는 여성 담론이나 인종주의 담론처럼 하나의 집합으로 범주화될 수 있는 발화들을 지칭한다. 그리고 "여러 언술을 설명해 줄 수 있는 규범화된 관행"이라 함은 담론이 특수한 종류의 발화와 언술을 생산해 내는 비명시적 규칙이나 구조를 지칭하기도 함을 뜻한다. 예를 들어, 학술적인 글쓰기에 관해 정해진 규칙은 존재하지 않는다. 그럼에도 불구하고 대학에서 학생들은 학술적인 글쓰기의 관행 내에서 글을 쓰는 방법을 배우고자 노력한다. 이런 종류의 비명시적 구조와 규칙이 담론을 구성하는 것이며, 푸코가 다른 어떤 담론 영역보다 더 관심을 가지고 있는 부분도 바로 이런 관행들이라고 할 수 있다.

담론은 규범화된 언술의 집합체이며, 독립적으로 존재한다기보다는 다른 언술들과 예측 가능한 형태로 결합되어 존재한다. 담론은 일련의 규칙들의 통제를 받게 되는데, 이 규칙들을 통해 특정한 발화와 언술들이 사회적으로 유통된다. 어떤 언술들은 광범위하게 유포될 수 있고, 또 어떤 언술들은 제한된 범위 내에서만 유포되기도 한다. 예를 들어, 서구에서 성경은 광범위하게 유포되는 경우로서 계속해서 인쇄되고 있을 뿐만 아니라 대개의 가정에서 한 권 정도는 소장하고 있게 마련이다. 정치 평론가들은 성경의 한 구절을 인용하여 자신의 주장을 설명하기도 한다. 대학교에는 신학만을 가르치고 배우는 학과가 따로 있고, 성경만을 다루는 학술 저널을 통해 성경에 대한 새로운 해석과 주석을 생산해 내기도 한다. 이렇듯 성경과 그에 관한 언술들은 서구 사회 전체를 통해 유통되는 하나의 담론을 형성한다. 반면에 다른 종교 텍스트는 그렇게 광범위하게 읽히지도 않을 뿐더러 성경과 같은 구조적인 유통망도 없다. 다시 말해서 어떤 텍스트는 사회 전반을 통하여 적극적으로 수용되고, 또 어떤 텍스트는 철저하게 배제된다. 여기에서 배제는 푸코의 담론 이론에서 매우 중요한 개념으로, 특히 그의 논문 「담론의 질서」에서 부각된다. 담론은 어떤 내적 일관성이 있는 언술의 집합체가 아니다. 담론은 복잡한 사회적 관행과 밀접한 연관성을 가지고 존재한다. 이 관행을 통하여 어떤 담론은 계속해서 사회적으로 유통되는 반면에 그와 경쟁관계에 있는 다른 담론은 유통이 억제되거나 아예 배제되기도 한다.

담론의 역할

담론의 실질적인 가치는 푸코가 주장하듯 권력관계와의 밀접한 연관성 속에서 나타난다. 마르크스주의 이론가들은 이데올로기라는 말로써 어떤 언술이나 관념이 제도적인 권위를 부여받고 개인에게 영향력을 행사하는 방식을 설명하고자 한다. 그런데 담론은 이데올로기보다 훨씬 더 복잡한 양상을 띨 수밖에 없다. 그 이유는 권력과 저항에 대한 푸코의 설명에서 드러나듯, 담론은 개인에게 지배계급의 관념 체계를 강요하는 것이 아니기 때문이다. 『성의 역사 : 제1권』에서 푸코는 다음과 같이 주장한다.

담론은 권력에 종속적이지도 또 그에 저항하고자 들고 일어서지도 않는다. 그런 의미에서 침묵과 크게 다르지 않다. 우리는 담론의 복잡함과 불안정한 성격을 인정해야만 한다. 이 불안정성과 복잡함으로 인하여 담론은 권력의 도구이자 결과가 될 수 있을 뿐만 아니라, 권력 행사를 저해하거나 방해하기도 하고 권력에 저항할 수 있는 대항적 전략의 시발점이자 저항이 생산되는 지점이 되기도 한다. 담론은 권력을 전달하기도 하고 생산하기도 한다. 또한 담론은 권력을 강화시킴과 동시에 권력의 토대를 흔들기도 하고 권력이 작동하는 방식을 폭로함으로써 권력을 약화시켜

권력의 작동을 방해할 수도 있다.(Foucault 1978 : 100-101)

이 인용문에서 흥미로운 것은 푸코의 담론 개념과 마르크스주의자의 이데올로기 개념 사이의 명백한 차이점이다. 이데올로기는 언제나 부정적이고 억압적인 일종의 허위의식으로 여겨진다. 반면에 푸코의 주장에서 드러나듯 담론은 억압의 수단임과 동시에 저항의 수단이기도 하다.

담론을 고려할 때 중요한 것은 담론을 단순하게 언어의 등가물로 취급해서는 안 되며, 또한 담론과 현실의 관계를 단순화시켜서도 안 된다는 것이다. 담론은 단지 현실을 언어로 번역하는 매체가 아니다. 담론은 우리가 현실을 인식하는 방식을 구조화시키는 시스템이라고 할 수 있다. 「담론의 질서」에서 푸코는 이렇게 주장한다. "우리는 담론의 겉과 속이 일치하며 따라서 언제나 의미 해독이 가능하다고 상상해서는 안 된다. 세계는 우리가 알고 있는 것과 다를 수 있다. 이 세상을 우리가 원하는 대로 처분해 줄 수 있는 신의 섭리, 즉 담론을 선행하는 그 어떤 것도 존재하지 않는다."(Foucault 1981 : 67) 푸코는 계속해서 "담론은 사물에 가해지는 일종의 폭력, 혹은 우리가 사물에 부여하는 관행이라고 할 수 있다. 그리고 바로 이 관행을 통해 담론이라는 사건이 규범적 원리를 갖게 된다."고 주장한다.(Foucault 1981 : 67)

예를 들어 서유럽의 언어에는 색깔을 지칭하는 광범위한 용어들이 있다. 하지만 유럽의 모든 언어가 다 똑같은 방식으로 색을 구별하거나 영어처럼 색상 스펙트럼을 파란색, 빨간색, 초록색의 순서로 배열하는 건 아니다. 심지어 어떤 언어는 초록과 파랑을 언어적으로 구별하지 않는다. 그러나 이것이 그 언어를 사용하는 사람들이 파랑과 초록을 구별하지 못한다는 뜻은 물론 아니며, 단지 그 언어권에서는 파랑과 초록의 구별이 그렇게 중요하지 않다는 것일 뿐이다. 따라서 현실을 인식하는 틀로서의 규범은 우리가 현실에 부과하는 담론의 익명적 규범에 다름 아니다. 이런 의미에서 푸코는 담론이 우리의 지각을 구속한다고 주장한다.

물론 담론이 거의 모든 것을 다 포괄하는 것처럼 보이기는 하지만 담론의 영역에 속하지 않는 것도 존재하기 마련이다. 일반적으로 푸코는 '비담론적인 것the non-discursive'의 존재를 인정하지 않는 것으로 알려져 있다. 즉, 모든 것이 담론으로 구성되고 이해된다는 것이다. 하지만 여기에는 약간의 오해가 있다. 예를 들어, 우리의 몸은 분명 고통을 느끼기도 하고 중력에 영향을 받으며 사고가 나면 다치기도 하는 물질적인 대상체이다. 그럼에도 불구하고, 몸은 담론으로 매개됨으로써 지각되고 인식될 수밖에 없다. 즉, 우리의 몸은 담론을 통해서만 이해될 수 있는 것이다. 우리는 이상적인 몸매가 어떤 것인지에 관한 담론을 통해 각자의 몸을 날씬하다 혹은 뚱뚱하다 등으로 평가하고, 정신과 육체의 연관성에 관련된 담론을 통해 육체적 피곤함을 정신적 스트레스의 신호로 해석한다. 따라서 푸코는 이 세상에 비담론적인 물질적 대상체가 존재한다는 점을 부정하지도 않고, 또한 이 세상에 담론밖에 없다고 주장하지도 않는다. 단지 우리가 물질적인 대상체와 전체로서의 세계를 경험하고 사유하려면 담론과 그것이 우리의 사고에 강요하는 구조를 사용할 수밖에 없다는 것이다. 우리는 세계에 관해 사고하는 과정 속에서 우리에게 주어진 구조에 따라 경험과 사건들을 범주화하고 해석하며, 또한 해석하는 과정 속에서 이 구조를 견고하고 규범적인 것으로 생각하지만 그것의 타당성에 대해서는 의문을 제기하지 못하는 경우가 많다. 에르네스토 라클라우Ernesto Laclau와 샹탈 무페Chantal Mouffe는 이 비담론적인 요소 문제에 대해 다음과 같은 통찰력 있는 주장을 한다.

> 모든 사물이 담론으로 구성된다는 사실은 담론의 외부에 또 다른 세계가 존재하느냐의 문제와는 별개의 것이다. …… 지진이 발생하거나 벽돌한 장이 떨어지는 것은 분명히 존재하는 하나의 사건이다. 이는 나의 의지와는 관계없이 지금 여기에서 벌어지고 있기 때문이다. 하지만 그 사건이 지니는 구체적인 의미가 '자연현상'의 차원에서 이해되느냐 아니면 '신의 분노'로 이해되느냐 하는 것은 담론의 구조에 달려 있다. 여기에서 거부되고 있는 것은 지진과 같은 사건이 우리의 사고 외부에서 일어났다는 사실이 아니라, 담론의 형성 조건과는 전혀 관계없이 그 사건 자체가 자신의 의미를 구성한다고 하는 주장이다. (Laclau and Mouffe 1985 : 108)

라클라우와 무페의 입장에서 보면, 실제 사물이 존재하고 사건도 실제로 일어난다. 하지만 우리가 이 사건을 파악하고 해석하는 것은 담론의 구조 내에서 행해지게 된다. 다만 우리가 세계를 이해하는 방식이 담론으로 결정된다는 사실을 종종 망각할 뿐이다. 우리의 몸에 대한 예를 다시 들어 보면, 고통이나 피곤함을 느끼기도 하고 배고픔을 느끼는 것처럼 우리는 우리 몸의 증상을 상당히 직접적인 방식으로 경험하는 것처럼 보인다. 그러나 이런 감각들 역시 담론의 구조를 통해 여과됨으로써 특정한 의미를 부여받게 된다.

담론 통제 방식

담론을 논할 때, 푸코는 제약과 속박에 초점을 맞춘다. 우리가 말할 수 있는 문장의 수는 거의 무한대에 가깝다. 하지만 놀랍게도 우리는 아주 제한된 범위 안에서만 문장을 선택한다. 이 점에 착안하여 푸코는 담론 관행의 특징을 "대상 영역의 한계 설정하기"로 규정한다. 여기에서 "대상 영역의 한계 설정하기"란 "지식을 습득하는 주체에게 무엇이 합법적인 관점인지를 규정하고, 이론과 개념을 발전시키는 데 필요한 규범을 정해 주는 것"을 의미한다.(Foucault, 재인용 Bouchard 1977 : 199)

우리가 학문적인 발언을 한다고 생각해 보자. 우리는 먼저 특정 주제를 선택해야 하고, 그 주제에 대하여 이야기할 수 있는 자격이 충분하다는 점을 증명해야 한다. 그리고 이 과정에서 그 주제를 바라볼 수 있는 새로운 관점을 제공해야 함과 동시에 그것도 아주 세련된 방식으로 해야 한다. 이것이 학문적 발언의 일반적 관행으로, 이를 벗어나서 발언을 하는 것은 거의 불가능에 가깝다. 왜냐하면 이 관행에서 벗어나게 되면 다른 사람의 이해를 구하기도 힘들고 자칫 미치광이 취급을 받을 수 있기 때문이다.

1970년 콜레주 드 프랑스에서 취임 강연을 할 때, 푸코는 담론을 통해서 자신의 의사를 표현하는 것이 지니는 어려움을 언급한 적이 있다. "상당히 많은 사람들이 시작하는 것의 중압감에서 해방되고 싶은 욕망을 가지고 있는 것 같습니다. …… 이 욕망은 애초부터 담론의 힘이 미치지 않는 곳에서 시작하고픈 욕망으로, 그곳에서는 낯설고 무섭고 어쩌면 해로울 수도 있는 것을 아예 생각할 필요조차 없을 테니 말입니다."(Foucault 1981 : 51) 푸코가 담론의 시초에는 의식儀式・ritual이 있었다고 주장한 것은 바로 이런 이유 때문이다. 좀 진부한 예를 들어 보자. 사람들은 대화를 할 때 일반적으로 '작은 이야기', 즉 날씨나 건강과 같은 사소한 이야기로 운을 뗀 다음 진지한 토론으로 들어간다. 전화 통화를 할 경우에는 의례적으로 정해진 말로 시작하고 끝을 맺는데, 이런 의례적인 말이 대화를 진행하는 데 도움을 주게 마련이다. 우리는 이런 의식화된 말의 존재를 인식하지 못하는 경우가 많다. 그런데 누군가 이런 의례적인 말을 생략할 경우 어색함을 느끼게 된다.

푸코의 담론 분석에서 흥미로운 것은 담론이 통제되는 방식이다. 푸코에 따르면, "모든 사회에서 담론의 생산은 몇 가지 절차로 통제되고, 선택되고, 조직되며, 재분배된다. 이런 절차의 목적은 담론이 지니는 힘과 위험성을 막고 또한 그것의 우발성을 제어하고 동시에 담론이 지니는 깊고 무시무시한 물질성을 회피하는 것이다."(Foucault 1981 : 52) 푸코에게 중요한 것은 이런 종류의 담론 구조 혹은 절차이며, 이 절차로 우리의 발화 행위가 통제되는 방식이다. 그의 논문 「담론의 질서」는 담론을 통제하고 생산하는 이 사회적 절차를 상세히 설명하면서 이를 외적 배제와 내적 배제로 구별하여 제시한다. 외적 배제는 세 가지로 구성되는데 사회적 금기, 광기와 이성의 구별, 참과 거짓의 구별이 여기에 속한다.

첫 번째 외적 배제의 장치인 금기는 말 그대로 금지禁止를 의미하는 것으로, 이는 성이나 죽음과 같은 주제들에 대하여 이야기하는 것을 어렵게 만들기도 하고, 이런 주제들에 대하여 이야기하는 방식을 통제하기도 한다. 두 번째 외적 배제는 『광기의 역사』에서 푸코가 분석했듯 광기의 언어와 이성의 언어를 구별하는 것이다. 미쳤다고 여겨지는 사람의 말에는 아무도 신경 쓰지 않고 때로는 아예 못들은 척 무시하기도 한다. 예를 들어 보자. 얼마 전 영국에서 법률이 개정되어 정신병 진단을 받고 그로 인하여 처방전을 받은 사람은 약을 거부할 수 없게 되었다. 물론 그들이 약을 먹지 않겠다는 의사 표현은 할 수 있다. 하지만 이제 법률에 의거하여 당국에서는 그들의 의지를 무시하고 강제 투약을 할 수 있다. 이런 의미에서 미치지 않은 사람의 진술만이 의미 있는 것으로 받아들여진다고 할 수 있다.

참과 거짓의 구별이 세 번째 배제의 관행이다. 전문가로 분류될 수 있는 권위자만이 진리를 말할 수 있는 자격을 갖게 된다. 권력을 갖지 못한 사람들은 진리를 말한다고 여겨지지 않는다. 따라서 푸코는 진리를 결코 자명한 것으로 받아들여서는 안 된다고 주장한다. 그에 따르면, 진리는 광범위한 관행과 제도에 의하여 물질적으로 지탱된다. 즉, 대학과 정부의 부처, 출판사와 학문 단체 등과 같은 제도의 관행으로 진리가 유지되는 것이다. 이들 제도권 기관은 나름의 잣대를 통하여 거짓으로 판명된 언술은 배제하는 한편, 진리로 여겨지는 언술은 사회적으로 유포시키고자 애를 쓴다. 푸코의 입장에서 보면, 진리는 그 자체로 진리이기 때문에 진리로 통용되는 것이 아니라, 진리의 위치에 있기 때문에 진리가 된다. 『지식의 고고학』에서 푸코는 다음과 같이 주장한다. "아무도 없는 공터에서는 누구도 진리를 말할 수 있다. 하지만 누군가 말을 할 때면 언제든 출동하는 담론의 '경찰'이 설정한 규칙을 준수할 경우에만 그 사람이 진리의 위치에 설 수 있게 된다."(Foucault 1972 : 224) 우리가 아는 한도 내에서 진리라고 확신할 수 있는 것을 주장한다고 하더라도, 우리의 언술은 사회 내에서 공인된 모든 다른 언술들에 잘 부합되어야만 진리로 평가 받을 수가 있다.

담론 생산에 대한 이런 외적 배제 이외에도, 푸코는 네 가지 다른 내적 배제의 절차가 존재한다고 주장한다. 여기에는 평론, 저자, 학문 분과, 말하는 주체의 희소성, 이 네 가지가 포함된다. 이런 절차들은 담론을 분류하고 유포시키며 그에 질서를 부여하는 과정과 연관되며, 이것의 기능은 궁극적으로는 누가 말할 자격이 있고 누가 그렇지 않은지를, 어떤 담론이 공인을 받고 어떤 담론이 그렇지 못한지를 구별하는 것이다. 첫 번째 내적 배제인 평론은 다른 사람의 언술에 관한 글쓰기를 뜻한다. 즉, 문학평론과 같은 글이 여기에 속한다고 할 수 있다. 푸코는 다음과 같이 주장한다.

모든 사회의 담론 사이에는 일관성 있는 등급이 존재한다. 삶의 일상 속에서 주고받는 담론이 있고, 발화되자마자 곧 사라지는 담론이 있는 반면에, 다수의 새로운 언어 행위를 촉발시켜 이를 통해 계속해서 변형되고 회자되는 담론이 있다. 이런 담론들은 자신들의 태생과는 관계없이 무한하게 반복적으로 사람들의 입에 오르내린다.(Foucault 1981 : 57)

대부분의 사람들은 어떤 한 텍스트가 끊임없이 논평이 되거나 논의가 되는 이유는 그 텍스트가 다른 텍스트보다 더 가치 있거나 흥미로운 것이기 때문이라고 생각하기 마련이다. 예를 들어, 찰스 다윈의 저서 『종의 기원On the Origin of Species』(1859)은 출판된 이래로 수없이 많은 과학자들에게 논평되고, 도전받고, 해석되어 왔다. 하지만 푸코는 이 텍스트에 대한 계속적인 관심이 그 책의 내적 가치 때문이라기보다는 그 책이 분석되는 방식에서의 차이 때문이라고 주장한다. 한 텍스트에 논평이 가해지는 과정 속에서, 그 텍스트는 다른 텍스트와는 다른 일차적 지위를 부여받으며 풍부한 내용을 가지고 있으리라 여겨지게 된다. 하지만 동시에 논평의 역할은 역설적이게도 그 텍스트가 말할 수 없는 것을 말로 표현해 주기도 한다. 푸코는 이를 다음과 같이 설명한다. "그럼에도 불구하고, 논평은 이미 말해진 것을 최초로 말해야 한다. 그러나 또한 말하지 않았던 것을 지치지 않고 말해야만 한다."(Foucault 1981 : 58) 따라서 다윈의 글에 대한 평론은 그의 글을 진리의 위치에 있는 사상으로 계속해서 유포시킬 뿐 아니라, 평론가에게 일정한 지위를 보장해 주기도 한다. 평론은 논평가가 다윈의 생각을 꿰뚫고 있음을 증명해 주고, 다윈의 사상을 다윈보다 더 세련되고 명확하게 표현해 줄 수 있을뿐더러 그의 사상을 더 타당한 방식으로 21세기의 사상과 연결시켜 주기도 한다.

두 번째 내적 배제의 관행은 저자이다. 이것은 상당히 역설적으로 보일 수 있다. 왜냐하면 저자는 너무도 당연히 텍스트를 쓴 바로 그 사람을 의미하기 때문이다. 그러나 푸코가 이를 모를 리 만무하다. 이는 그가 저자 개념을 일반적인 의미의 저자와 전혀 다른 의미로 사용하고 있음을 의미한다. 즉 푸코에게 저자란 글쓴이 자체가 아니라, 텍스트 구성의 원리 혹은 한 사람에 의하여 출판된 다양한 텍스트들에 일관성을 부여해 주는 기능적 도구라고 할 수 있다. 소설가 가츠오 이시구로의 저작을 예로 들어 보자. 그는 다수의 저서를 출판했는데, 각 책마다 문체와 주제가 천차만별이다. 『위로받지 못한 자The Unconsoled』는 독특한 문체 실험을 보여 주고, 『젊은 날의 유산The Remains of the Day』은 주제나 스타일이 다른 작품들에 비해 훨씬 더 보수적인 색채를 띠고 있다. 따라서 작가로서의 이시구로를 하나의 주제나 스타일로 규정짓기는 힘들다. 그럼에도 불구하고 우리는 이 각양각색의 책들이 한 작가에 의해 생산되었다는 이유만으로 하나의 덩어리로 묶어 버리는 경향이 있다. 심지어 각 책들 사이에 일정한 논리적 관계가 존재한다고 주장하기도 하는데, 예를 들어 한 작품을 다른 작품의 문체나 주제에 대한 반응으로 해석하기도 한다. 하지만 푸코의 논문 「담론의 질서」와 「저자란 무엇인가?」에 따르면, 각각의 책들은 비록 한 작가에 의해서 쓰여졌다고 하더라도 서로 너무 달라서 전체적 통일성을 부여하기 힘들며, 작가 개념을 동원하여 이런 다양한 텍스트를 통합하고자 하는 것은 독자들의 욕망에 지나지 않는다.

바로 이런 연유로 푸코는 실제 작가 그 자체보다는 '저자 기능'이라는 용어를 선호하는데, 특히 이 말에 내재되어 있는 조직화 기능을 강조한다. 그는 발전론적 의미에서의 저자 개념에 비판적인 입장을 취한다. 다시 말해서 저자가 초기의 미숙함에서 점점 후기의 완숙함으로 발전하는 것이 아니라는 것이다. 예를 들어, 우리가 셰익스피어의 '초기' 작품을 분석한다고 가정해 보자. 이 경우 우리는 먼저 '초기'라는 메타포를 반드시 사용할 필요가 있는지 의심해야 한다. '초기'라는 용어는 해당 작품이 그 이후에 나온 작품들에 비해 성숙하지 못한 작품임을 암시할 수도 있기 때문이다. 또한 작품을 해석할 때에도 셰익스피어의 삶에 대해 우리가 만들어 놓은 허구적 틀에 따라 끼워 맞추기보다는 그 작품 자체를 읽어 내야만 한다.

담론에 대한 내적 배제의 세 번째 유형은 학문 분과의 범위, 즉 하나의 학문 영역에 자의적으로 설정된 경계선이라고 할 수 있다. 예를 들어 우리가 사회학을 연구할 경우, 일반적으로 연구 대상으로 삼을 수 있는 주제의 범위는 한정되어 있으며, 그 주제에 접근할 수 있는 방법론과 이론적 틀 역시 그 범위가 제한되어 있다. 그리고 같은 주제라고 할지라도 이를 언어학이나 심리학과 같은 학문 분야의 관점에서 접근한다면, 그 주제에 대한 문제 설정 방식도 달라지고 접근하는 방법론 역시 달라질 수밖에 없다. 학문 분과는 특정한 분야에서 어떤 것이 지식으로서 중요한 것인지를 미리 규정지어 놓기 때문에, 그 자체로 담론의 범위를 결정하는 역할을 한다. 각각의 학문 분과는 엄격한 방법론적 원칙뿐만 아니라 이미 사실로 공인된 다수의 명제들을 가지고 있다. 따라서 이 체계에서 새로운 명제를 생산하는 것은 아주 엄밀하게 규정된 경계선 안에서만 가능하다. 모든 학문 저널은 편집 위원회와 심사 위원단을 구성하여 이를 통해 각기 투고된 논문을 평가함으로써, 어떤 논문이 특정 주제를 논하는 데 각 학문 분과의 원칙에 적합한지를 판단하고 또한 그 분과 내에서 가능한 담론의 범위를 결정하게 된다. 이런 원칙에 부합하지 않는 논문은 당연히 출판이 거부되게 마련이다. 푸코의 입장에서 볼 때, 이런 관행들은 학문 분과를 구성하는 핵심적 요소로서 이를 통해 그 학과 체계에 도전하는 지식은 철저하게 배제함으로써 자체의 내적 통일성을 유지한다.

푸코가 논하는 마지막 내적 배제의 관행은 그가 말하는 주체의 희소성이라고 부르는 것이다. 여기에서 '희소성'이라 함은 권위를 가지고 말할 수 있는 사람의 수가 극히 제한되어 있음을 의미한다. 즉, 어떤 담론은 모든 이에게 다 열려 있는 반면에, 또 어떤 담론은 극히 제한된 사람들만이 접근할 수 있다. 권위를 가지고 말하는 행위는 일정한 의식儀式을 통해 이루어지며, 주로 특정 담론 집단 내에서만 행해진다. 그리고 이 집단 내에서 담론은 엄격한 규칙에 따라 유포된다. 예를 들어, 대학에서 강의를 할 수 있는 자격은 소수의 한정된 사람에게만 주어지고, 또한 강의는 일반적으로 강의를 할 수 있도록 특수하게 디자인된 건물에서만 하도록 되어 있다. 물론 강의실의 구조 역시 미리 정해져 있는데, 예를 들어 교수들은 강당의 전면에서 학생들을 마주보고 강의하도록 설계되어 있다. 강의 시간에는 오로지 담당 교수만이 강의를 할 수 있고 학생들이 교수나 다른 학생에게 말하는 법은 별로 없다. 강의실에서 누가 말할 수 있는지에 관한 이런 규칙들이 비록 성문화되지는 않았지만 불문율로 받아들여지는 까닭에, 학생들이 말을 하는 것은 비정상적인 것으로 여겨지거나 잠재적으로는 사회질서를 어지럽히는 행위로 보일 수 있다. 혹여 학생 중 하나가 교수의 지목을 받아 한 마디라도 하게 되면 그 학생은 불안해하고 자의식에 사로잡혀 우물쭈물하게 된다.

결국 대학이라는 제도는 단순히 공평무사하게 지식을 유통시키는 공간이 아니다. 푸코에 따르면, "모든 교육제도는 담론이 수반하는 지식과 권력뿐만이 아니라 담론 자체의 전유專有·appropriation를 유지하고 수정하는 정치적 도구이다."(Foucault 1981 : 64) 대학은 누가 언제 말할 수 있는지에 대한 수많은 불문율을 가지고 있으며(예를 들어, 세미나에서 교수가 학생들에게 말을 시키려고 행하는 노력들을 생각해 보라.), 누구의 말이 권위적인 것으로 여겨지는지에 대한 불문율도 있다.(교수가 학생들의 글에 긁적거려 놓는 논평은 어떤 학생이 어떻게 평가되고 또 궁극적으로 어떤 학점을 받는지를 결정하게 된다.)

사실 대학에 대한 푸코식 분석은 지식의 유통과 확산에 초점을 맞추기보다는 특정 종류의 지식이 배제되는 과정을 중요시한다. 이런 과정을 거쳐 학생들의 사고가 기존에 '학문적인 것'으로 여겨지는 지식과 보조를 맞추게 되기 때문이다. 학생들에게 때로는 침묵을 강요하고 때로는 말하기를 강요하며 고정된 기준에 준거하여 학생들의 글을 논평하고 평가를 내리는 것이 당연한 듯 보이지만, 이 모든 교육 체계는 실상 지식을 전수하는 것과는 크게 관련이 없다. 그보다는 담론을 제도화하고 학생과 교수 사이의 권력관계를 명확하게 각인시켜 주는 것과 더 많은 연관성이 있다. 복합적인 억압 기제로 이루어진 이 복잡한 시스템은 담론의 생산과 수용에 내·외적으로 작용하며 바로 이런 억압 기제를 통해 담론이 존재하게 된다.

에피스테메 · 아카이브 · 담론 구성체

요약하자면, 담론이란 모든 종류의 언술을 지칭하는 일반적인 용어로서, 특히 그 언술들이 형성되는 규칙과 함께 특정한 언술이 유통되거나 배제되는 과정을 모두 포괄한다. 담론을 이론화하는 데 푸코는 또한 에피스테메épistémé, 아카이브archive, 담론 구성체discursive formation, 언술 등과 같은 용어를 사용하는데, 이 용어들은 그의 이론을 이용하려는 사람들에게 매우 중요한 것일뿐더러, 담론의 구조를 파악하는 데도 도움이 된다. 지금부터는 이 용어들을 대략적으로 살펴보도록 하자.

푸코는 특정한 역사적 시점에 나타나는 여러 담론 구성체의 무리 짓기 방식과 담론 사이의 관계를 분석하며, 이런 관행의 총합을 '에피스테메'라 부른다. 한 시대의 에피스테메는 단순히 "지식의 총합이나 그 지식을 생산하는 일반적인 연구 스타일을 지칭하는 것이 아니라, 다양한 학문적 담론 사이의 분리, 거리, 대립, 차이, 관계 등의 총합을 의미한다. 에피스테메란 배후에 존재하는 거대 이론이 아니다. 에피스테메는 확산의 공간이며, 열려 있고 의심할 바 없는 무한수의 설명이 가능한 관계의 영역이다."(Foucault 1991a : 55) 다시 말해서, 에피스테메는 한 시대 모든 지식의 총합이 아니다. 이는 특정한 시대에 생산된 지식과 새로운 지식이 생성되는 원칙 사이의 복잡한 일련의 관계를 지칭하는 말이다. 특정 시대 내에서 각기 다른 학문들이 비록 서로 다른 주제를 다룬다고 하더라도 개념적이고 이론적인 차원에서는 유사한 방식으로 작동할 수 있다. 예를 들어서, 푸코는 『말과 사물』에서 자연사, 경제학, 언어학 등 다수의 학문이 공통

적으로 가지고 있는 개념적 틀과 이론적 가정, 연구 수행 방법론을 분석한다. 그에 따르면,

고전주의 시대의 자연사와 경제학, 문법 연구에 공통된 사항들이 각 학자들의 의식 속에 명시적으로 드러나 있지는 않았다. 그중 의식적인 부분이 있었다면 그것은 피상적이고 제한되어 있으며 심지어는 공상적인 것이었다. 하지만 비록 그들은 인식하지 못했을지라도, 자연사학자나, 경제학자, 문법학자 모두 각각의 학문 연구에 합당한 대상을 정의하고, 개념을 만들어 내거나 이론을 수립하는 데 무의식적으로 똑같은 원칙을 채용하고 있었다.(Foucault 1970 : xi)

다양한 학문들의 저변에 존재하는 '사고방식'의 유형에 대한 본보기는 푸코가 분석한 고전주의 시대의 에피스테메에서 찾아볼 수 있다. 그는 다음과 같이 쓰고 있다.

성서 해석학과 텍스트 해석을 주도했던 것은 유사성의 원리였다. 상징의 작용을 조직화했으며, 눈에 보이는 사물이나 보이지 않는 사물에 대한 지식을 모두 가능케 했고, 사물을 재현하는 예술을 통제했던 것도 유사성의 원리였다. 우주는 자기 자신 위에 접혀져 있었다. 대지는 하늘을 모방하고, 얼굴은 별에 비춰진 자신의 모습을 보았으며, 식물의 줄기에는 인간에게 유용한 비밀이 담겨져 있었다. 그림은 우주를 모방했다. 재현은 반복의 한 형식으로 여겨졌다. 인생의 극장 혹은 자연의 거울, 그것은 갖가지 종류의 언어로 이루어진 하나의 주장으로, 자신의 존재를 선언하고

자신의 말에 대한 권리를 만들어 내는 방식이었다.(Foucault 1970 : 17)

푸코에 따르면, 고전주의 시대에 세상의 모든 사건들은 초자연적 세계에서 보내진 신호로 해석되었다. 흉작, 폭풍, 질병 등 비정상적인 모든 사건은 신의 분노의 표현이었다. 고전주의 시대의 모든 자연과학자들은 자연현상의 본성과 자신의 학문적 작업을 뒷받침해 줄 지식과 관련하여 몇 가지 전제를 공유하고 있었다.

푸코의 전기 작가 중 한 사람인 디디에 에리봉은 에피스테메를 이렇게 정의한다. "모든 시대는 당대의 문화를 결정하는 심층 구조를 통해 그 특징을 파악할 수 있다. 여기에서 문화란 모든 학문적 담론과 모든 언술의 생산을 가능하게 하는 지식의 그물망이라 정의될 수 있다. 각각의 학문은 한 에피스테메의 틀 내에서 발전하며, 따라서 그와 동시대에 있는 다른 학문들과 부분적으로 연결되어 있다."(Eribon 1991 : 158) 따라서 푸코는 『말과 사물』에서 보편 문법과 경제학, 부富와 자연의 역사에 대한 검토를 수행함으로써 사유와 재현 그리고 범주화 방식을 조직하는 공통된 전제와 이론적 틀을 분석하고자 한다.

에피스테메를 분석하면서 푸코는 다음과 같이 주장한다. "내가 찾고자 하는 것은 여러 다양한 기호에서 추출할 수 있는 단일한 시대정신 …… 혹은 세계관이 아니다. 나는 담론의 종합적 체계를 연구하였다. …… 나는 담론의 규칙, 변형, 시작, 잔류 자기remanence의 작용을 정의하였다. 나는 서로 상이한 담론을 대조해 보고, 담론이 서로 결합되는 방식과 관계를 설명하였다."(Foucault 1991a : 55) 즉,

푸코가 분석하고자 한 것은 통일된 사상 체계나 '시대정신'이 아니다. 그의 관심 대상은 사회 전체를 가로질러 작동하며 상호 작용하는 일련의 모순된 담론들과 아울러, 이 담론들이 사회적으로 행사하는 압력과 이를 통해 생성되는 사회적 조건이다. 보통 사람들이 생각하고 지식을 습득하며 글을 쓰는 행위를 하는 것은 바로 이런 사회적 압력과 조건들 하에서라고 할 수 있다.

에피스테메를 정의하는 데 또 하나 중요한 것은 하나의 에피스테메에서 또 다른 에피스테메로 전이되는 과정이 부드럽고 논리적으로 자연스럽게 이루어지지 않는다는 것이다. 즉, 에피스테메의 전환은 학자들이 다른 학자들의 연구 성과를 바탕으로 새로운 연구를 진행하여 자연스럽게 더 높은 단계로 발전해 나가는 것과는 다르다. 푸코는 하나의 에피스테메에서 다른 에피스테메로의 전이는 담론 간의 단절과 불연속을 생성한다고 주장한다. 에피스테메 간의 단절은 급작스럽게 나타난다. 이는 일반 상식과는 달리 한 시대에서 더 나은 시대로의 진화나 발전도 아니고, 그 이전 시대의 에피스테메에 대한 변증법적 반작용과도 다르다. 푸코는 이렇게 질문한다. "어떤 특정 시기에 그리고 지식의 특정 영역에서 어떻게 이런 급작스런 인식론적 단절이 존재할 수 있는가? 진화를 재촉하는 이런 급작스런 변화는 일반적으로 수용되고 있는 역사적 연속성의 원칙과도 상응하지 않는데 말이다."(Foucault 1979 : 31)

이 질문을 통해 푸코가 시도하는 것은 전통적인 역사학의 토대인 진화와 진보 개념을 공격하는 것이다. 일반적으로 진화와 진보 개념이 표상하는 바는 인간의 지식과 삶이 현재의 정점에 이르기까지 계속해서 발전해 왔다는 것이다. 에피스테메 개념에 내재된 담론의 한계점들을 설명함으로써, 푸코는 바로 이런 발전론적 역사관의 한계를 지적하고 동시에 현재의 지식 체계를 문제의식을 가지고 비판적으로 고찰할 수 있는 기회를 제공한다. 즉, 현재의 지식 체계는 낯설고 기괴한 측면을 가지고 있을 수밖에 없으며, 따라서 우리는 현재의 사유 방식과 사유하고자 사용하는 개념적 도구들을 문제시해야 한다.

제1장에서 논의된 푸코의 고고학적 분석은 아카이브를 설명하는 데 초점이 맞추어져 있으며, 여기에서 아카이브는 "특정 시기, 특정 사회에서 말할 수 있는 것의 범위와 형식을 정의하는 일련의 규범"을 설명하는 것이다. (Foucault 1991a : 95) 푸코가 사용하는 아카이브라는 용어는 명문화되지 않은 규범을 지칭하는 용어로, 이 규범을 통해 특정 시대에 통용되는 언술의 유형과 담론 구성체의 총합이 생산된다. 또한 푸코의 특수한 용어인 '담론 구성체'는 특정한 형식의 언술들의 규칙적인 연합과 무리짓기를 의미하는 것으로, 이 언술의 무리는 일반적으로 특수한 제도나 권력기관과 연결되어 개인과 개인의 사고방식에 영향력을 행사한다. 담론 구성체는 일반 개인들에게는 견고하게 고정된 것으로 보일 수 있지만 실제로는 끊임없이 변화하는 것이다.

담론 혹은 담론 구성체는 똑같은 주제를 다루면서 비슷한 결과를 생산해 내는 언술들의 집합체라고 할 수 있다. 예를 들어서, 어떤 제도적인 압력과 연관성으로 하나의 집합으로 묶이는 언술들이 있을 수 있고, 유사한 근원을 가지고 있거나 비슷한 사회적 기능을 가지고 있어서 하나의 무리로 묶이는 언술들도 있다. 이렇게 해서 묶인 언술의 집합체는 자신들의 배후에 존재하는 근본적 전제와 조화를 이룰 수 있는 또 다른 언술을 재생산하게 된다. 그렇다고 해서 담론 구성체가 전적으로 어떤 내적 일관성을 가지고 있다고 생각해서는 안 된다. 그 속에는 언제나 모순된 언술들이 함께 병존하기 때문이다. 예를 들어 남성성과 관련된 담론은 절대로 하나의 논리적 통일성을 가진 전체가 될 수 없다. 그 담론(더 정확하게는 '담론들') 내부에는 육체적 힘과 자신감과 같은 전통적인 남성의 덕목을 지닌 '마초'를 추앙하는 보수적인 담론이 있을 수 있고, 그와 반대로 타인을 배려하고 보살피는 신남성New Man의 가치를 추구하는 더 진보적인 담론이 있을 수 있다. 이 모순된 담론들은 비록 정치적 지향점과 의도는 다를지라도 여성과 남성을 본질적으로 다른 존재로 파악하려 한다는 공통점을 가지고 있다. 따라서 이 두 상이한 언술은 공통된 사회적 결과를 생산하는데, 이는 바로 남성과 여성 사이의 유사성을 억압하는 것이다. 또한 남녀 간의 차이점과 공통점을 주장하는 방식과 기능은 다르지만, 남녀의 본질적 차이를 강조하는 주장은 사회적으로 어떤 메시지를 보내기도 한다. 즉, 남성성의 담론은 공히 그 언술의 저자가 추구하고자 하는 당위적 상황을 역설한다. 예를 들어 남성은 예전처럼 함께 뭉쳐야 한다거나, 남성은 타인을 더 많이 배려해야 한다거나 하는 것이다. 따라서 담론은 사회적 제도와 연관된 언술의 집합체라 할 수 있으며, 그런 까닭에 담론은 권위를 부여받고, 근본적인 차원에서의 기능적 통일성을 가지고 있다.

언술은 사회적으로 공인된 명제 혹은 언어를 통한 행위라고 할 수 있다.(Mills 1997) 하나의 지도나 이미지가 언술로 받아들여질 수 있는 것과 같은 논리로, 언술은 단순히 하나의 문장에 불과한 것이 아니다. 허버트 드레이퍼스와 폴 레비노우의 주장에 따르면, "만일 지도가 어떤 실제 지역의 표상으로서 기능한다면, 그것은 언술이 될 수 있다. 그리고 심지어 타자기 자판의 문자 배열도排列圖조차도 만약 그것이 사용자 설명서 속에 포함되어 있거나 표준 자판의 표상으로서 기능한다면 그것 역시 언술이 될 수 있다."(Dreyfus and Rabinow 1982 : 45) 물론 누구나 다 언술을 만들어 낼 수 있는 것도 아니며, 모든 언술이 다 사회적으로 공인받을 수 있는 것도 아니다. 어떤 언술은 권력 상층부에 있는 사람들이나 사회제도와 더 많은 연관성을 가지고 있다는 이유로 다른 언술보다 많은 권위를 받을 수도 있다.

이런 담론 이론을 통해 푸코가 분석하고자 하는 바는 "언술의 존재 법칙, 즉 언술의 존재를 가능하게 하는 법칙 혹은 …… 언술이 발생하는 독특한 조건"이라고 할 수 있다.(Foucault 1991a : 59) 다시 말해서, 푸코는 모든 언술을 그저 자명한 것으로 받아들이기보다는, 그 언술이 탄생하는 과정을 분석하고자 한다. 그의 언술 분석에 독특한 점이 있다면, 언술을 분석하는 데 "말하는 주체의 잠재적 혹은 명시적 의식을 언급하지 않으며, 저자의 (비의지적) 의지에 맞추어 담론 현상을 파악하지 않으며, 실제 발화된 것 이상을 의미하고자 하는 저자의 의도에 의존하지 않으며, 각 개별 단어가 가질 수 있는 은밀하고도 섬세한 의미를 파악하고자 시도하지 않는다."는 것이다.(Foucault 1991a : 59)

푸코가 분석하려 한 담론은 개인의 영역 외부에 존재하는 몰개성적 시스템으로서의 담론이며, 실제 분석 대상 역시 추상적이고 작가

불명의 시스템이며 구조일 뿐 그 시스템을 마주하고 있는 개인이 아니다. 담론은 그 자체로 우리가 말할 수 있는 것의 범위와 한계를 규정하며, 어떤 조건에서 어떤 언술이 참이 되고 어떤 진술이 타당한 것인지를 결정한다. 담론은 한 언술이 다른 언술보다 생산적인 언술이 될 수 있는 조건을 결정짓기도 한다.

결론

담론과 권력에 관한 푸코의 이론은 지식에 관한 우리의 일상적 관념을 재고할 기회를 준다는 점에서 의미가 있다. 즉, 우리는 푸코를 통해서 우리가 무엇을 어떻게 알고 있는지, 그 지식은 어디에서 왔는지, 어떤 조건에서 어떻게 생산되었는지, 누구의 이익을 위해 봉사하는지, 그리고 어떻게 하면 우리가 다른 방식으로 사유할 수 있는지를 생각해 볼 수 있다. 그리고 이런 질문을 통하여 우리가 '진리'로 받아들이는 정보가 권위와 특권을 부여받고 유지하는 방식을 추적할 수도 있다. 또한 담론 개념을 통하여 우리는 과거의 지배적 관점에 동화되지 않고 과거를 바라봄으로써 현재 우리가 '진리'로 받아들이는 지식 속에 내재되어 있는 잠재적 문제점을 분석할 수 있다.

04

권력/지식

Michel Foucault

지식은 어떻게 지식이 되는가?

푸코의 많은 저작들은 지식의 문제를 다루고 있다. 이는 우리가 무엇을 어떻게 알게 되는가, 그리고 어떤 과정을 거쳐 그 지식이 사실로서 확립되는가 하는 문제와 연관된다. 앞의 담론에 관한 장에서 논의되었듯이, 푸코는 특정한 담론이 지배 담론으로 떠오르는 과정에서 나타나는 배제 과정을 주목한다. 그는 이런 배제 과정이 지식과 관련해서도 똑같이 반복되고 있음에 주목하고, 논문집인 『권력/지식*Power/Knowledge*』(1980)에서 어떤 지식은 사실 혹은 진리로서 확립되는 반면 그와 비슷한 타당성을 지닌 다른 지식은 폐기되거나 부정되는 현상을 탐색한다. 따라서 푸코는 특정한 이론이나 사상을 발전시킨 개별 사상가를 연구 대상으로 삼지 않는다. 『말과 사물』(1970)과 『지식의 고고학』(1972)과 같은 저작에서 나타나듯, 그는 어떤 한 가지 정보가 사실이나 지식으로서 자리매김하게 되는 좀 더 추상적인 제도적 과정에 초점을 맞춘다.

지식, 특히 과학적 지식에 관한 전통적인 관점에 따르면, 지식은 아인슈타인이나 파스퇴르와 같은 개별 과학자들의 창조적 천재성으로 만들어진다. 또한 이 천재들은 예외적인 인물로 당대의 인습적 사상들을 뛰어넘어 전적으로 새로운 사상과 이론적 관점을 만들어낼 능력이 있다고 여겨진다. 철학 전통 내에서의 사상사思想史 역시 마찬가지로 대개는 철학의 흐름을 바꾸어 놓았다고 여겨지는 헤겔이나 비트겐슈타인과 같은 개별 사상가들에게 초점을 맞춘다. 반면에 푸코는 더 익명적이고 제도화되고 규범화된 지식 생산 모델을 제시하려 한다. 이언 헌터Ian Hunter는 푸코의 이런 시도를 다음과 같이 설명한다.

> 푸코가 수행한 담론 개념의 재정립은 인류의 사상사를 새롭게 구축하려던 시도에서 파생된 것이다. 하지만 푸코의 사상사는 일반적인 의미에서의 사상, 의견, 영향의 역사가 아니다. 또한 경제, 정치, 사회적인 맥락이 사상에 영향을 미치는 방식에 관한 역사도 아니다. 푸코가 제시하는 역사는 사상이나 '지식'의 물적 조건을 재구성하는 것이다. 따라서 그의 사상사는 자신이 사상/지식의 물적 조건의 고고학이라고 명명한 것을 생산하려 한 시도의 표상이라 할 수 있으며, 여기에서 그가 말하는 물적 조건은 단순하게 '의식'이나 '정신'의 개념으로 환원될 수 있는 것은 아니다. (Hunter, 재인용 Kendall and Wickham 1999 : 35)

다시 말해서, 푸코의 주요 관심사는 특정 역사적 시기에 어떤 지식이 존재했느냐 하는 문제보다는 특정 지식이 다른 지식에 비해 더 우월한 정보로 자리매김하게 되는 과정으로서의 사상의 물적 조건에 관한 문제라고 할 수 있다.

서구 문화권 내에서 '위대한 사상가'로 여겨지는 사람들의 사상을 추적하는 것이 지식과 사상의 역사에 접근하는 훨씬 더 쉬운 방법임을 푸코는 너무도 잘 알고 있었다. 그럼에도 불구하고 푸코는 "17세기 이후 유럽에서의 담론 존재 방식(담론 형성의 규칙과 조건, 담론의 상호 의존성과 변형)이 어떠했는지를 다양한 차원에서 탐색하려 했다. 이를 통해 현재 우리의 지식을 구성하고 있는 지식이 어떻게 탄생하게 되었는지, 더 정확하게 표현하자면, 인간이라고 하는 이 신기한 대상체가 어떻게 지식의 영역으로 들어오게 되었는지를 파헤치고자" 한다.(Foucault 1991a : 70) 즉, 푸코는 지식이 탄생하고 생산되는 메커니즘에 초점을 맞추었는데, 특히 인문학이 그의 주요 관심사였다. 『말과 사물』은 18세기와 19세기에 발생한 인식론적 전환epistemic shift을 탐색하는데, 그에 따르면 바로 이 시기에 학문적 관심사가 자연현상에 대한 연구에서 "인간"에 대한 연구로 전환되었기 때문이다. 푸코의 주장을 그대로 옮겨 보면,

고전주의 시대를 비롯한 그 이전의 모든 사유 체계는 정신과 육체, 인간, 인간이 우주에서 차지하는 제한적 위치, 그리고 인간의 지식과 자유 속에 내재된 한계점에 관하여 논할 수 있었다. 하지만 이들 중 그 어느 사유 체계도 근대의 지식이 상정하고 있는 모습 그대로의 인간을 파악할 수는 없었다. 르네상스의 인본주의와 고전주의적 합리주의는 우주의 위계질서 속에서 인간에게 특권적인 지위를 부여할 수는 있었으나, 인간 그 자체를 상상할 수는 없었다.(Foucault 1970 : 318)

푸코는 사회학과 심리학과 같은 학문 분과 체계의 성격 자체를 문제시하고, 이런 개별 학문 분과가 발전하기 이전에 사람들이 인간에 대하여 사유하는 방식을 고찰함과 동시에 학문적 연구 대상으로서의

'인간'이 탄생하는 과정을 분석해야 한다고 주장한다.

지식이 아닌 '권력/지식'

『권력/지식』에서, 푸코는 지식을 권력관계와 정보에 대한 욕망이 결합되는 지점이라 규정하고, 지식이 언제나 권력관계를 동반한다는 의미에서 지식을 '권력/지식'이라고 정의한다.(Foucault 1980) 그의 논문 「감옥 이야기」에 따르면, "지식 없이 권력이 행사되는 것은 불가능하다. 또한 지식이 권력을 생성하지 않는 것 역시 불가능하다."(Foucault 1980d : 52) 지식과 권력의 관계에 대한 이런 통찰은 지식이 정치적 고려가 배제된 순수한 것이 아닌 권력투쟁의 핵심적 요소임을 강조하고, 또한 지식을 생산하는 행위 자체가 권력을 추구하는 방식이 될 수 있음을 지적한다는 점에서 의미 있는 진보라고 할 수 있다. 푸코의 입장에서 보면 지식과 권력의 상호 의존성을 강조하기 위해서는 단순하게 "지식"이라는 용어를 쓰는 것보다 "권력/지식"이라는 복합어를 쓰는 것이 더 정확한 표현이 된다.

집단 간 혹은 제도나 국가 간 권력관계의 불균형이 존재하는 곳이라면 어디든 그곳에는 지식 생산의 문제가 존재한다. 푸코가 종종 주장하는 것처럼 서구에서는 여성에 관한 정보가 많이 생산되는데, 이는 남성과 여성 간의 제도화된 권력관계의 불균형에 기인한다고 할 수 있다. 도서관에 가면 여성에 관련된 책은 상당수 있는 반면, 남성에 관한 책은 거의 없는 이유가 바로 여기에 있다. 비슷한 이유로 노동계급에 관한 책은 많이 출판되지만 중간계급에 관한 정보는 상대적으로 적다. 또한 흑인 문제에 관한 책은 많은 반면 백인에 관한 책은 없고, 이성애heterosexuality에 대한 연구는 거의 이루어지지 않는 반면 동성애에 관한 연구는 활발하다. 요즘에는 상황이 많이 바뀌어 이성애와 백인에 대한 분석도 진행되고 있지만, 통계적으로 보았을 때 인문학 분야에서 학문적 연구는 여전히 주변화된 사람들에게 집중되어 있다고 해도 과언이 아니다.(이성애에 관한 연구는 Wilkinson and Kitzinger 1993, 백인에 관한 연구는 Brown et al. 1999를 참조하라.)

사실 인류학도 서구의 대도시 지역과의 관계에서 정치적으로나 경제적으로 주변적인 위치를 차지하고 있는 사람들에 대한 연구에 바탕을 두고 있다는 것은 부정할 수 없을 것이다. 즉, 푸코의 주장에 따르면, 어느 한 집단에 대한 학문적 연구, 예컨대 특정 집단이 사용하는 방언을 연구하는 것이 학자들에게는 너무도 당연한 일이 될 수도 있지만 그런 연구의 대상이 되는 사람들은 대개 권력관계에서 소외된 사람들인 경우가 많다. 즉, 표준 영어나 BBC 영어를 사용하는 사람들의 방언을 연구하는 사람들은 거의 없는 반면에 지방의 방언이나 특이한 액센트에 대한 연구는 일반적으로 행해지고 있다. 권력관계의 복잡한 과정 속에서, 이렇게 경제적으로 소외된 사람들에 대한 지식을 생산하는 행위는 현재의 권력관계를 유지하는 데 중요한 역할을 수행하게 된다. 그렇다고 해서 푸코가 지식 생산 자체를 전적으로 억압적인 것으로만 보는 것은 아니다. 그는 주변화된 사람들이 주도적인 입장에서 생산하는 정보는 사회 계급 체계를 바꿀 수 있는 잠재력을 지니고 있다고 주장하기도 한다.(이 부분에 대해서는 뒤에서 더 자세히 다루겠다.)

푸코는 개별 철학가들에 의해 사상이나 지식이 발전한다고 가정하지 않고, 권력/지식이라는 추상적 힘에 의해 어떤 것이 지식으로 부상하게 될지가 결정된다고 주장한다.

> 지식의 주체와 지식의 대상 그리고 지식을 구성하는 메커니즘은 권력/지식의 근본적인 함의와 역사적 변형의 다양한 결과들로 여겨져야만 한다. 간단히 말해서, 권력에 봉사하건 저항하건 관계없이 모든 지식을 생산하는 행위는 지식 주체의 활동이 아니다. 지식의 형식과 영역을 결정하는 것은 바로 권력/지식이며, 그와 함께 권력/지식 자체를 구성해 내는 과정과 투쟁들이라고 할 수 있다. (Foucault 1991a : 27-28)

푸코의 이 주장은 과거의 지식을 바탕으로 불철주야 노력했던 수많은 학자들의 헌신으로 지식이 발전해 왔다고 믿은 서구 사회의 신화를 제거했다는 점에서 굉장히 충격적인 발언이다. 푸코의 관점에서는 '사실'을 생산하는 것은 권력/지식이며, 개별 학자들은 단순히 권력/지식의 도구이거나 지식 공장의 종업원에 지나지 않는다. 이런 주장은 아마도 지나친 과장처럼 보일지도 모른다. 하지만 푸코의 작업이 이론적인 측면에서 가장 빛나는 순간은 그의 글이 이렇게 과장되는 순간이라고 할 수 있다. 만약 우리가 이미 알고 있는 사실을 뒤집어서 남들이 전혀 "생각할 수 없는 것"이나 미친 놈 소리를 들을 만한 생각을 할 수 있다면, 지식 생산에서 개인이 차지하는 역할의 범위와 권력/지식의 추상적 힘을 상상할 수 있을 것이다.

앞 장에서 이미 밝혔듯이, 지식을 생산하고 유포시키는 일련의 정례화된 절차가 바로 에피스테메이다. 무엇이 '사실'인지를 결정하는 데 필요한 원칙과 개념적 도구는 각 시대별로 다르다. 푸코가 19세기 후반에 발전된 에피스테메를 설명하고자 사용한 용어인 '앎의 의지 will to know'를 예로 들어 보자. 이는 새로운 정보에 대한 탐욕스런 욕망과 같은 것으로, 이것이 사회적으로 형성될 무렵 유럽에서는 사물을 범주화하고 측정하는 일련의 절차들이 발전되었다.(Foucault 1981 : 55) 인터넷의 발달과 함께 더 많은 정보를 저장하고 공유해야만 하는 정보화 시대에 살고 있는 현재의 우리에게 이 앎의 의지 혹은 '진리 의지will to truth'는 영구불변의 보편성을 지닌 것처럼 보일 수도 있다. 하지만 우리는 이것이 역사적 산물에 불과한 것임을 명심해야 한다. 즉, 앎의 의지는 불변의 어떤 것이라기보다는 다양하고 광범위한 종류의 관행, 교육제도, 도서관, 정부 기관, 기술로 강화되거나 새롭게 재구성되는 것이다.

탈식민주의 이론가인 에드워드 사이드나 메리 루이스 프랫Mary Louise Pratt의 주장처럼, 영국 제국주의가 정점에 이르렀던 19세기 무렵 인도와 아프리카에 대한 학문적·대중적 정보들이 엄청나게 쏟아져 나왔다.(Said 1978 ; Pratt 1992) 식민지 관료들은 점령지에 대한 정보를 생산해 내는 것을 신성한 의무처럼 여겼다. 따라서 점령지의 상세 지도를 만들고, 각 지방별 건축양식에 대한 자세한 해설서를 작성하고 식민지 언어의 문법책과 사전을 편찬하는가 하면 토착민들의 낯선 생활 방식이나 풍습을 소개하는 책자들을 무수히 생산해 내었다. 정보의 생산을 맡은 사람은 단지 식민지 관료만은 아니었다.

여행가나 소설가, 과학자뿐만 아니라 식민 공간 속에서 보편 지식을 확장할 수 있는 기회를 엿본 사람들도 지식 생산에 동참했다. 그런데 메리 루이스 프랫은 식민지 국가에 대한 정보의 생산이 우리가 일반적으로 생각하는 객관적이고 순수한 자료 수집 과정으로 이해되어서는 안 된다고 주장한다. 예를 들어, 서구의 식물학자가 아프리카 한 나라의 식물군植物群에 관한 자료를 수집한다면, 그는 자료를 서구의 분류 체계에 의존할 수밖에 없게 된다. 이 과정에서 토착민이 사용해 온 기존의 분류 체계는 폐기되고 만다. 문제는 이 두 분류 체계가 전혀 다를 수 있다는 것인데, 토착민은 식물의 용도에 따라 약용 혹은 제례용으로 분류하는 반면, 서구의 분류 체계는 식물의 형태학적 특징을 강조한다. 결국 식민주의 시대의 서구 학자들은 자신들만의 분류 체계를 피식민 국가에 강요하고 이를 마치 객관적인 국제 표준 지식인 양 제시하게 된다. 그러나 서구의 분류 체계는 객관적인 지식이라기보다는 본질적으로 서구의 이익에 봉사하는 서구의 관점에서 파생된 것에 불과하다. (이에 대한 더 자세한 논의는 Foster and Mills 2002를 참조.)

지식 생산이 동반하는 배제

지식 생산 과정은 언제나 배제의 과정을 동반한다. 즉, 하나의 지식은 그와 비슷한 타당성을 지닌 (어쩌면 특정한 사회적 맥락에서는 더 적절할 수도 있는) 다른 여러 지식 체계를 배제함으로써 지식으로서의 지위를 얻게 된다. 따라서 우리는 모든 지식을 의심해야만 한다. 지식이 인간에 대한 이해의 폭을 넓혀 줄 수도 있다고 확신하는 그 순간, 그 지식은 역으로 현재의 사회 체계와 권력관계를 유지하고 강화하는 역할을 할 수 있기 때문이다.

푸코는 지식이 순수한 '진리'의 탐구가 아니라고 주장한다. 정보를 가공하여 '사실'이라는 딱지를 붙이는 과정 속에는 언제나 권력이 작용한다. 즉, 어떤 정보가 사실로서의 지위를 획득하려면 권력의 재가를 받아야만 한다. 우리는 하나의 정보가 사실로 포장되기까지 거치게 되는 복잡한 선택과 배제 과정의 일례를 텔레비전 뉴스에서 찾아볼 수 있다. 우리는 일반적으로 텔레비전 뉴스에서 방송되는 이미지들을 '진실' 혹은 '사실'로 단정하는 경향이 있다. 그 이미지들이 방송되기 이전에 거치는 복잡하고 긴 편집과 배제의 과정을 망각하면서 말이다. 우리가 진실이라 가정하고 받아들이는 정보는 정부나 다른 기관들에 통제를 받는다는 것은 이미 잘 알려진 사실이다.

《워싱턴 포스트》지의 특파원이었던 캐럴 모렐로Carol Morello가 2001년 미국과 영국이 수행한 아프가니스탄에서의 반테러 전쟁 보도와 관련하여 경험한 내용은 좋은 예가 될 것이다. (아래 인용 참조) 그녀는 자신이 보도할 수 있는 범위에 대해 일일이 통제를 받아야 했다. 먼저 기자들은 합동 취재반에 들어가야만 보도할 수 있는 자격이 주어졌다. 아프가니스탄 주둔군은 합동 취재반에 포함된 기자에게만 정보를 제공했으며, 그 기자들에 한해서만 몇몇 취재 구역 출입을 극단적으로 제한된 범위 내에서 허용했다. 당시 모렐로는 미국군 사상자가 군부대에 곧 도착할 것이라는 소식을 전해 듣고 군 관계자에게 몇 가지 질문을 던졌다.

사진 기자가 도착하는 부상자들을 촬영할 수 있나요? 아니요. 일반 기자가 부상자들 가까이 접근해서 살펴볼 수 있나요? 아니요. 기자가 부상자 운송을 담당한 조종사와 인터뷰를 할 수 있나요? 아니요. 부상자 치료 후 의사들과 접촉할 수 있나요? 아니요. 기지로 이송된 아프간 부상병들과 인터뷰는 할 수 있나요? 아니요. …… 모든 전쟁에서 전투 내용을 상세하게 전달하고자 하는 기자와 군대 사이에는 항상 내적 긴장감이 있게 마련이다. 하지만 남부 아프가니스탄에 주둔하고 있는 미국 군대의 경우, 기자들은 1991년 걸프 전쟁 때보다도 훨씬 더 제한된 범위 내에서만 취재 활동을 할 수가 있었다.(Morello, 재인용 Morgan 2002 : 8)

즉, 우리가 시청하는 텔레비전의 이미지는 직접적이고 진실된 것처럼 보일지라도, 그 '진짜' 같은 이미지들이 사실은 기자들과 군대와 정부 사이에 벌어지는 협상과 타협의 결과물이며 따라서 상당 정도의 개입과 조작을 거친 것들이다.

인터뷰 「비판적 이론/지적 이론Critical theory/intellectual theory」에서 (세 권으로 이루어진 『성의 역사』에서와 마찬가지로), 푸코는 서구에서 1960년대 이래로 인간에 대한 '진리'를 찾아내야 한다는 지적 움직임이 발전했다고 주장한다. 그에 따르면, 당시에는 성性과 경험의 문제에 대한 성찰을 통해 인간 존재의 본질에 접근할 수 있다는, 즉 우리가 우리 자신을 '알 수 있다'는 가설이 일반적으로 통용되고 있었다. 그러나 푸코는 우리가 우리 자신에 대한 '진리'를 발견하는 그 순간이 바로 권력이 우리에게 행사되는 순간이라고 주장한다. 푸코는 이를 다음과 같이 표현한다. "나 자신에 관한 진리를 말해 본다면 ……

나는 다수의 권력관계를 통하여 하나의 주체로 구성되었다. 이 권력관계란 타인들이 나에게 행사하는 권력임과 동시에 내가 타인들에 행사하는 권력이다."(Foucault 1988c : 39)

어떤 사람을 하나의 주체 혹은 개인으로 구성해 가는 과정에서 한 사람에 대한 지식을 생산한다는 것은 결국 그 사람을 담론의 대상, 즉 권력/지식의 대상으로 만드는 것을 의미한다. 논문 「위험한 개인 The dangerous individual」에서 푸코는 인간에 대한 지식의 문제를 한층 더 깊이 파고든다. 여기에서 그는 유죄 선고를 받은 사람에게 형량을 언도하는 시점에서 정확한 판단을 내리려면 반드시 그 사람 전체를 파악해야 한다고 주장한다. 그는 묻는다. "잘 알지 못하는 사람에게 어떻게 사형을 언도할 수 있는가?"(Foucault 1988e : 127) 누군가에게 유죄판결을 내릴 때, 판사는 그 사람이 병리적인 현상으로 인해 범죄를 저질렀는지 아니면 완전한 의식과 의도를 가지고 범법을 저질렀는지를 판단해야만 한다. 각각의 경우마다 그 범죄자가 처우받는 방식과 형량이 달라질 수밖에 없기 때문이다. 예를 들어 미국에서 살인 사건이 일어났을 때 그 원인이 정신병이면 살인자는 정신병원으로 보내져 치료를 받게 되고, 의도적인 살인인 경우 처형이 되거나 감옥으로 보내진다.

인터뷰 「진리와 권력」에서, 푸코는 지식과 마찬가지로 진리 역시 서구 철학 전통 내의 많은 사상가들이 가정했던 것과 달리 어떤 형이상학적 실체가 아님을 주장한다. 그에 따르면, "진리는 세속적인 것이다. 진리는 다수의 제약 기제로 생산된다."(Foucault 1979a : 46). 전통적으로 진리는 "풍요로움, 비옥함, 점잖고 빈틈없는 보편적인 힘"으로 표상되는데, 푸코는 이를 자신이 '진리 의지'로 명명한 것과 비교한다. 진리 의지란 참과 거짓의 구별이 이루어지는 배제의 관행을 지칭한다.(Foucault 1981 : 56) 참인 언술은 책으로 출판되어 사회 전체에 유포되고, 학교의 교육 과정 속에 포함되는가 하면 그에 대한 논평과 해석도 끊이질 않으며 논문이나 해설서의 형식으로 재생산되기도 한다. 그리고 바로 이런 언술이 한 사회 내에서 '상식'으로 통용되는 것들의 토대를 이루게 된다. 반면에 거짓으로 분류되는 언술은 재생산 자체가 이루어지지 않는다. 모든 사회에는 그 사회 고유의 진리의 영역이 존재한다. 이 진리의 영역은 권위자들에 의해 생산되고 사회 전체를 통해 진리로 수용되는 언술들로 구성되며, 광범위한 여러 다른 관행들에 의해 거짓 언술들과 구별된다.

인터뷰 「권력과 성」에서, 푸코는 복잡한 사회적 관계의 조직망과 사회적 작용 원리 혹은 금기들을 통하여 '진리' 혹은 '사실'이 제 위치를 지켜 가는 방식을 분석하면서 다음과 같이 주장한다. "나의 목적은 금기의 사회사를 쓰는 것이 아니라, '진리'의 생산과 연관된 정치사를 쓰는 것이다."(Foucault 1988d : 112) 그리고 더 나아가 「방법론의 문제Questions of method」에서는 이렇게 덧붙인다. "진리의 생산을 통하여 어떻게 사람들이 자신과 남을 통치하는가 하는 것이 내가 밝혀내고자 하는 문제이다. …… (내가 말하는 진리의 생산이란 참된 말을 생산하는 것이 아니라, 참과 거짓이라는 관행이 구별됨과 동시에 사회적 타당성을 부여받을 수 있는 영역을 확립한다는 것을 의미한다.)"(Foucault 1991b : 79) 따라서 푸코가 수행하는 진리와 지식 분석은 권력/지식의 억압적 힘에 대한 단순한 정치적 분석으로 이해되어서는 안 된다.

그는 자신의 분석 작업을 비판이 아니라 단지 설명하기 위한 것이라고 규정한다.

진리 · 권력 · 지식

사실과 거짓의 구별법에 대한 푸코의 분석은 문학비평가 레너드 데이비스Lennard Davis에 의해 문학의 영역까지 확장되었는데, 그에 따르면 18세기 이전까지만 하더라도 사실과 허구의 구별은 상당히 느슨했다고 한다.(Davis 1983) 그런데 18세기에 이르러 정부가 법률적으로 개입하기 시작하면서 어떤 것이 출판될 수 있고 또 어떤 것이 그렇지 않은지의 문제가 실질적인 차원에서 사유되기 시작하였으며, 그 결과 사실과 허구 사이의 구별이 뚜렷해졌다. 정부는 언론의 비판 기능을 제한하고자 명예훼손 법률을 제정하여 진실 혹은 사실로 여겨질 수 있는 요소들을 엄격히 규정하였으며, 심지어 인지세까지 매기게 되었다. 그 이전에 신문이나 싸구려 대중 서적들은 도덕적 · 종교적인 의미를 담고 있는 모든 사건(그것이 자연적인 것이건 초자연적인 것이건, 혹은 사실적이건 상상적이건 관계없이)에 관한 이야기를 출판했었다. 하지만 그 이후 신문들은 최근에 일어난 사건들의 사실만을 보도하기 시작하였다.

  푸코가 진리 개념을 재정립하면서 마르크스주의의 이데올로기 개념, 특히 허위의식으로서의 이데올로기 개념을 의식적으로 공격하려 했던 것은 아니다. 단지 그의 목표는 참과 거짓의 구별법을 유지하고자 사용되는 사회적 절차들을 분석하는 것이었다. 하지만 푸코의 개념 속에 내재된 전통 마르크스주의와의 차별점은 푸코의 이론을 이용하려는 많은 비평가들을 혼란스럽게 만들기도 한다. 예를 들어, 에드워드 사이드와 같은 탈식민주의 이론가들에게 푸코의 이론은 곧 혹스러움 그 자체이다. 그도 그럴 것이 탈식민주의자들은 제국주의자들이 생산한 피식민 국가에 대한 지식이 거짓에 불과한 것임을 밝혀내야 하기 때문이다. (Said 1978)

예를 들어 제국주의 시대 영국 작가들은 종종 인도나 아프리카의 토착민들을 현대 서구의 산업화된 사회의·사람들에 비해 게으르고 뒤떨어지고 더럽고 저능하고 '미개하여' 발전을 이루지 못한 사람들로 묘사했다. 피식민자에 대한 이런 묘사의 진실성 여부와 관련하여 푸코의 이론을 이용하면서 사이드는 갈등을 겪지 않을 수 없었다. 그는 푸코를 따라 이런 '사실적' 설명들이 사회적으로 구성된 것임을, 따라서 진실과는 거리가 먼 것임을 밝혀내야 함과 동시에, 이런 정보들을 그 나라 사람들에 대한 '진짜' 정보와 비교하여 그것이 허위의식에 지나지 않음을 증명하고 싶은 욕구도 있었기 때문이다. 그런데 푸코의 설명대로 한다면 피식민 국가와 그 나라 국민들에 대한 '진짜' 정보는 존재하지 않는다. 피식민 주체들이 생산한 정보 역시 제국주의자들의 정보와 다를 바 없이 허구적인 것이며, 사회적으로 구성된 것에 지나지 않기 때문이다. 푸코에 따르면, "문제는 진리를 권력의 체계에서 해방시키는 것이 아니다. (진리를 권력에서 해방시키고자 하는 것부터가 공상에 불과하다. 왜냐하면 진리 자체가 이미 권력이기 때문이다.) 중요한 것은 진리의 권력을 경제적·문화적 헤게모니에서 떼어 내는 것이다. 진리의 권력은 지금 이 시간 헤게모니를 통해서

작동하기 때문이다."(Foucault 1980b : 133)

즉, 진리·권력·지식, 이 세 가지는 복잡하게 뒤얽혀 있다. 때문에 우리가 분석해야 할 것은 바로 지식과 진리를 생산하는 과정 속에서 권력이 작동하는 방식이다. 이것은 성차별주의자가 만들어 낸 여성에 대한 잘못된 스테레오타입을 반박하고자 최초로 여성이 처한 상황과 경험의 '진실'을 기록하려 한 서구 페미니즘 이론가들에게는 특히 중요하다. 하지만 서구 페미니스트들이 추구했던 여성에 대한 '올바른' 재현representation은 그들보다 더 주변화된 위치에 있었던 또 다른 여성들, 특히 비서구 페미니스트들의 도전에 직면하게 된다. 비서구 출신의 여성들은 서구 페미니스트들이 생산해 낸 여성의 이미지가 자신들의 실제 존재 조건과 관심, 가치 체계를 올바르게 반영하지 못함을 지적한다.(Min-ha 1989)

제3세계 페미니스트들의 이런 비판은 과연 누가 전체 여성을 대표할 수 있는가에 대한 치열한 논쟁을 촉발시켰고, 이 논쟁을 통하여 서구 페미니스트들이 얻은 교훈은 '여성'이라는 말 자체가 거의 논의

헤게모니Hegemony 헤게모니의 의미에 관해서는 마르크스주의 이론 내에서도 합의점을 찾기 힘들 만큼 논란의 여지가 많다. 하지만 단순화시키자면 다음과 같이 정의할 수 있다. 헤게모니는 사회적 상황을 지칭하는 말로서, 한 사회 내에서 피지배 계층이 지배 계층의 가치관과 이데올로기를 자발적으로 믿고 받아들임으로써, 사회적 위계 질서 내에서 자신에게 주어진 위치를 당연한 것으로 여기며, 심지어는 그것이 자신들의 이익과도 부합된다고 믿게 되는 사회적 과정을 의미한다.

불가능할 만큼 복잡한 역학 관계를 동반하고 있다는 사실이다. 각기 다른 모든 여성 집단이 서로 다른 여성관을 들고 나온다면 논의 자체가 불가능해지는 것은 너무도 자명하기 때문이다. 따라서 푸코가 주장하고자 하는 바는 우리가 진리 혹은 진실이라 부르는 것은 광범위한 전략을 통하여 진리로서 구성됨과 동시에 진리로서의 위치를 유지한다는 것이다. 이때 각각의 전략은 진리와 경쟁 관계에 있는 다른 대안적 지식을 배제하고 공격함으로써 진리를 뒷받침한다. 어떤 사건에 대한 더 정확하고 논리적인 대안적 지식을 제공하는 것은 푸코의 관심사가 아니다. 이런 대안적 지식 역시 특정한 부류의 집단에게만 진리로서 기능할 뿐이기 때문이다.

진리와 지식의 개념에 대하여 한쪽에 치우치지 않는 태도를 견지하는 듯 보이지만, 푸코 역시 정부나 정부 기관이 유포시킨 정보들에 대항하는 것의 중요성을 결코 등한시하지 않는다. 그리고 실제로 정치운동에 참여하면서 그는 대항적 지식의 생산이 중요한 것임을 인식했다. 예를 들어, 그는 다른 운동가와 함께 단체를 결성하여 1970년대 프랑스 감옥의 열악한 실정에 관한 정보를 제공하기도 하였다. 그가 결성한 감옥 정보 모임은 단순하게 감옥의 척박한 현실을 비판하기보다는 수감자들이 직접 토로한 정보를 일반인들에게 전달하고자 하였다. 푸코는 그 모임의 창립 선언서에서 다음과 같이 주장했다.

우리는 사람들에게 감옥이 어떤 곳인지 알려 주고자 한다. 누가 어떻게 왜 그곳에 가게 되는지, 그곳에서는 어떤 일이 벌어지고 있으며, 수감자들은 어떤 생활을 하고 있고 간수들은 또 어떤 생활을 하고 있는지, 건물과 음식과 위생 상태는 어떠한지, 내부 규율과 의학적 관리와 그 안의 공장은 어떻게 돌아가고 있는지, 그들이 어떻게 석방되고 또한 우리 사회에서 전과자로 산다는 것은 어떠한 것인지를 알려 주고자 한다. (Foucault, 재인용 Eribon 1991 : 225)

이렇게 대중의 입맛에 맞지 않는 정보, 즉 대부분의 사람들이 생각하고 싶어 하지 않는 그런 종류의 정보를 생산하는 것은 그 자체로 권력에 대한 비판이 된다. 이런 정보는 우리 사회가 누군가를 감옥에 가두고자 할 때 발생할 수 있는 모든 문제를 우리 의식의 전면으로 부각시킬 수 있기 때문이다.

피할 수 없는 함정

그러나 이렇게 외형상 비판적인 지식일지라도 권력/지식의 작용에서 완전히 해방될 수 없다는 것 또한 중요하다. 이것은 반드시 명심해 둘 가치가 있는데, 특히 제3세계에서 노동자계급의 공동체를 연구하는 백인 중간계급 출신의 서구 사회학자나 인류학자에게는 더욱 그러하다. 비록 아무리 좋은 의도를 가지고 시작했다 하더라도 노동자계급의 공동체에 대한 자료와 정보를 수집하는 과정에서 그들은 자신과 자신이 연구하는 노동자들 사이에 권력관계를 만들어 갈 수밖에 없게 된다. 이런 종류의 권력과 지식의 결합은 사회학, 언어학, 문화인류학에서 큰 문제를 일으켜 왔다. 이런 학문은 노동자처럼 소외된 사람들을 지식의 대상으로 전락시킴으로써 소외를 심화시킬 가능성이 있기 때문이다.

페미니스트 사회학자인 베브 스케그스Bev Skeggs(1997)는 여성 노동자들에 대한 사회학적 연구를 수행하면서 이런 문제점을 심각하게 깨달았다. 비단 그녀뿐 아니라 비판적 문화인류학의 전통 속에 있던 많은 학자들이 비판적 자의식을 가지고 자신이 연구하는 하층민 사람들과 평등한 관계를 유지하고자 노력해 왔다. 이를 위해 그들은 다양한 전략을 채택했는데, 예를 들어 연구 결과물을 연구 대상자들에게 보여 주고 논평을 부탁한 후 그들의 비판적인 논평까지 논문 속에 포함시키거나 그들과 공동으로 작업하여 논문을 쓰고 그들이 공헌한 부분을 공개적으로 인정하기도 했다.(더 구체적인 예로 Bourdieu et al. 1999를 참조)

감옥 정보 모임과 관련하여 푸코는 죄수들이 자기 목소리로 자신의 입장을 직접 말할 수 있는 기회를 제공하려고 노력하였다. 또한 모임에서는 죄수들과 직접 이야기하기도 하고 그들의 가족과 인터뷰하기도 했다. 푸코는 이렇게 주장한다. "본 연구는 외부의 전문가 집단에 의해 수행되는 것이 아니다. 본 연구에서는 연구자와 연구 대상자 간의 경계가 존재하지 않는다. 말을 할 것인지 말 것인지를 결정하는 것은 전적으로 그들의 의지에 달려 있다. 마찬가지로 연구자와 죄수가 서로 대화를 할 때 칸막이를 쓸 것인지 말 것인지를 결정하고, 대화할 때 무엇을 용인하고 또 무엇을 용인하지 말아야 하는지를 결정하는 것, 이것이 모두 전적으로 그들의 의사에 달렸다. 억압의 행사를 예방하는 투쟁을 하느냐 마느냐 하는 문제 역시 그들에

게 달려 있다."(Foucault, 재인용 Eribon 1991 : 228)

　여기에서 푸코는 자신을 촉매제로 자리매김함으로써 수감자들과 자신의 권력관계가 형성될 가능성을 피할 수 있음을 암시하고 있다. 그러나 그는 여전히 수감자들의 행동 방식을 은연중에 결정하고 있었던 듯 보인다. 수감자 중 한 사람이었던 세르주 리브로제Serge Livrozet는 1974년 《리베라시옹*Libération*》지와의 인터뷰에서 자신의 경험을 기술한 바 있는데, 그는 푸코의 위치가 단순하게 촉매제에 불과한 것이 아님을 분명하게 느끼고 있었다. 이는 그의 다음 말에서 명백히 드러난다. "이 분석 전문가들은 하나의 고통이다. 나는 누군가 나를 위해 말해 주는 것도, 내가 누구인지 세상에 공표하는 것도 원치 않는다."(Livrozet, 재인용 Eribon 1991 : 234) 결국 모든 종류의 지식 생산 혹은 타인을 위해 말하고자 하는 모든 노력은 그 의도가 제아무리 좋다고 하더라도 기존의 억압적 권력관계를 재생산할 수 있는 가능성이 항존한다고 할 수 있다.

낯설고 괴상한 역사 혹은 현재

본질적인 측면에서 권력/지식에 관한 푸코의 작업은 또한 전체로서의 우리 사회가 과거에 대한 지식을 구성해 나가는 과정에서 알게 모르게 작동하는 우리의 역사관에 대한 분석이기도 하다. 현재에 관하여 우리가 알고 있는 지식을 낯설게 하고 탈신비화하는 방법은 오로지 과거를 비판적으로 검토하는 것뿐이다. 푸코의 역사관은 흔히 '휘그 역사관Whig history'이라고 알려진 역사 개념에 대한 반테제라고 할 수 있다. 휘그 역사관은 19세기에 형성된 것으로 인간의 문명(특히 유럽의 문명)은 진보하고 있으며, 따라서 현재는 필연적으로 과거보다 더 발전된 상태에 있다고 가정한다. 푸코는 바로 이런 낙관주의를 문제시한다. 인터뷰 「비판적 이론/지적 이론」에서 그는 이렇게 주장한다. "우리는 우리가 살고 있는 이 시대가 모든 것이 완성되고 새롭게 시작되는 역사상 유일무이한 시대도 아니고, 역사의 토대가 되는 시대도 아니며, 혹은 역사적으로 특수한 시점도 아니라고 말할 수 있는 겸손함을 가져야 한다."(Foucault 1988c : 36) 즉, 근본적으로 역사의 진보라는 개념 자체를 문제시해야 한다는 것이다.

푸코는 종종 과거를 지나치게 일반화한다는 이유로 역사학자들에게 비판을 받는다. 하지만 푸코는 일반 역사학자와는 상당히 다른 의도를 가지고 사료를 이용한다는 점을 명심해야 한다. 사회학자인 켄달과 위컴은 푸코와 일반 역사가 사이의 차이점을 다음과 같이 정의한다.

> 푸코식으로 역사를 이용하는 것은 진보(혹은 퇴보)와 연관된 것이 아니다. …… 푸코의 역사는 결코 멈추지 않는 역사이다. 역사가 어디론가 향해 가는 것이 아니기 때문에 역사는 멈추지도 않는다. 푸코식으로 역사를 이용하는 것은 합리적인 또는 바람직한 현재가 도래하고 있다거나 …… 혹은 도래할지도 모른다고 생각하도록 하는 것이 아니라, 역사를 통해서 현재라는 시간도 과거만큼이나 낯설고 괴상한 시대임을 깨닫는 것이다.(Kendall and Wickham 1999)

"역사가 어디론가 향해 가고 있는" 것이 아니기 때문에 진보라는 개념도 불가능하다는 생각은 많은 독자들에게 불편하게 들릴 수도 있다. 그러나 켄달과 위컴의 주장에 따르면, 푸코의 분석 틀 내에서 "역사는 우리를 편안하게 만들려고 사용된다기보다는 오히려 당연한 것으로 여겨지던 것들을 뒤흔들고자 사용된다."(Kendall and Wickham 1999 : 4) 현재는 과거 사건의 불가항력적인 결과물이 아니라 여러 많은 가능성 중 하나에 불과하다는 것이다. 따라서 현재를 분석하는 것은 "현재 우리의 모습을 단순 명료하게 규정짓는 것이 아니라, 현재와 과거를 연결해 주는 나약한 선들을 추적해 감으로써 왜 그리고 어떻게 현재가 지금과는 전혀 다른 모습이 되었을 수도 있는지를 파악하려는 시도인 것이다."(Foucault 1988c : 36)

어떤 의미에서 우리가 명심해야 할 것은 현재라는 시간이 "다른 어느 시간과 크게 다를 바 없는 것"임과 동시에, 또한 "다른 어느 시간과도 결코 똑같지 않은" 시간이라는 것이다.(Foucault 1988c : 37) 아마도 푸코의 분석 방식이 우리에게 주는 교훈은 현재라는 시간은 너무도 복잡해서 그 안에서 무슨 일이 벌어지고 있는지 명확하게 파악할 수 없는 것처럼 느껴지기도 하고, 또 너무도 가깝고 친숙해 보이기 때문에 분석이 불가능한 시간이라는 것이다. 그럼에도 불구하고 우리가 현재를 분석하고자 한다면(사실 그럼에도 불구하고 현재를 분석하려는 것이 푸코의 목표이기도 하다.), 즉 과거에 대한 논의를 통하여 현재를 분석하고자 한다면, 우리는 현재라는 시간에서 객관적인 거리를 확보하여 마치 기이함과 낯섦으로 가득 찬 과거를 대하듯 현재를 바라보아야 한다.

결론

다수의 글을 통하여 푸코는 권력과 지식 혹은 권력과 진리 사이의 상호 연관성을 확립하고자 시도했다. 그는 지식이라는 것이 단순하게 학자들의 연구에서 발생하는 것이 아니라고 전제하고, 대신에 지식이 여러 상이한 사회적 제도와 관행들의 상호 작용으로 생산되고 사회 전체로 유포되는 방식을 설명하고자 했다. 따라서 그는 지식에 관한 우리의 관점을 혁명적으로 바꾸어 놓는다. 즉, 지식이란 객관적이고 공평무사한 것이 아니다. 지식은 언제나 특정 집단의 이익을 위하여, 그리고 권력을 위하여 봉사하는 것이다.

05

몸과 섹슈얼리티

Michel Foucault

푸코는 특히 『성의 역사』와 같은 저작들을 통해 사회제도와 담론이 우리의 몸에 미치는 영향을 다룬 연구를 진전시켰다. 그에 따르면, 우리의 몸은 여러 가지 담론의 압력이 집중되는 장場이다. 즉, 몸은 담론이 현실화되는 장임과 동시에 여러 담론들 간의 경쟁이 벌어지는 전쟁터이기도 하다. 또한 그는 『말과 사물』과 『감시와 처벌』에서 학계와 정부에서 행하는 사회의 인구 동향 전반에 관한 분석과 그에 따른 변화를 분석한다. 이 분석에서 초점은 그가 '몸권력bio-power'이라고 규정한 것인데, 몸권력이란 "생산성 향상을 위해 인구와 복지를 더 조직화하려는" 경향을 이르는 말이다.(Dreyfus and Rabinow 1986 : 8)

1980년대 이후로, 푸코가 시도한 몸과 제도의 상호 작용에 관한 분석은 페미니즘과 퀴어queer 이론에 심대한 영향을 끼쳤다. 자나 사위키Jana Sawicki는 그 이유를 다음과 같이 분석한다.

여러 영향력 있는 프랑스 비판이론가들 가운데서 푸코는 독특한 측면을 가지고 있다. 그의 학문적 목표가 권력에서 소외된 사람들이나 수감자, 정신병자, 동성애자와 같이 반사회적인 집단으로 의심받는 사람들의 구체적인 투쟁의 장에 개입하는 것이라는 측면에서 더욱 그러하다. 푸코의 담론은 다른 포스트구조주의 이론가들에 비해 더 실천적인 측면이 있는 반면, 좁은 의미에서 학문적인 측면이 약한 것으로 여겨진다. 바로 이

런 이유로 페미니스트 이론가나 사회운동가들은 진지한 자세로 그의 저
작을 읽을 수밖에 없다.(Sawicki 1998 : 93)

즉, 푸코의 이론은 정치적 대의를 위한 실천에 적용될 수 있는 측
면이 많기 때문에 소외집단을 연구하는 이론가들의 주의를 끌 수밖
에 없다.

몸, 담론, 섹슈얼리티

마르크스주의를 비롯하여 지금까지 권력에 대한 분석들은 국가와 같
은 제도의 역할을 강조해 왔다. 그러나 푸코는 이와 달리 제도의 영
역 밖에서 작동하는 권력에 관심을 두어 왔다. 이는 우리의 몸에 대
한 관심으로 자연스럽게 이어졌다. 그에게 몸이란 투쟁의 장일 뿐만
아니라 담론 간의 모순이 발생하는 지점이다. 따라서 푸코는 국가나
제도가 지니는 억압적 성격에 초점을 맞추는 권력의 하향식 권력 모
델보다는 상향식 권력 모델을 발전시켰는데, 이 상향식 모델에서 몸
은 권력이 행사되거나 거부되는 장이 된다. 스마트는 푸코의 모델을
다음과 같이 설명한다.

권력의 기술과 절차가 사회질서의 가장 밑바닥에서 작용하는 방식을
분석하고, 이를 확장시켜 미시적인 차원에서 권력이 형식적 변화와 발전
을 통해 더 큰 전 지구적 지배 방식과 결합하는 방식을 기록하는 것은 권
력을 중심화된 제도적 관계 속에 위치시키고 그것이 사회질서 속에서 혹

은 사회질서를 통해 확산되고 영향력을 행사하는 방식을 분석하는 것과는 근본적으로 다르다.(Smart 1985 : 79)

스마트가 설명한 첫 번째 방식이 푸코식 분석으로, 이는 국지적인 차원에서의 세속적인 권력이 제도적 권력관계의 형성으로 연결되는 방식을 강조한다. 더 정확하게 표현하자면, 푸코는 중앙의 제도적 권력과 미시적 권력, 그 어느 쪽에 특권을 부여하고 양자 간의 우선순위를 매기기보다는 제도와 개인 간의 상호작용을 강조하며 이를 설명하려고 한다.

푸코 이론의 초점이 개인이 아닌 몸이라는 사실은 상당히 중요한 문제이다. 그의 이론적 틀 내에서 개인은 하나의 본질로서 존재하는 것이 아닌 권력관계의 결과물에 지나지 않는다. 위컴의 설명에 따르면, "권력의 표적으로서 몸 개념을 재정립하는 것은 구속할 수 없는 창조적 핵심으로서 개인이라는 자유주의적 개념을 탈피하려는 푸코의 노력의 일부이다."(Wickham 1986 : 155)

푸코가 주장하길 "개인을 …… 권력이 집중되는 …… 근본적인 핵심으로 여겨서는 안 된다. …… 사실 특정 몸이나 몸짓 혹은 특정 담론이나 욕망이 개별적으로 구별되어 개인으로 구성된다는 것 자체가 이미 권력의 근본적 산물이다."(Foucault 1980a : 98) 즉, 푸코는 개인을 안정된 실체로 파악하지 않고, 담론의 과정 속에 위치시켜 담론으로 구성된 것임을 보여 준다. 바로 이 점이 푸코가 페미니스트나 퀴어 이론가들에게 어필하는 부분이다. 왜냐하면 이를 통하여 본질주의의 그릇된 가정(성적 차이 및 기타 다른 차이들이 육체적인 차이에 기인한다고 하는 가정)에 빠지지 않고 게이나 레즈비언 혹은 여성에 대한 사회적 억압을 이론화할 수 있기 때문이다.

푸코의 논문 「니체, 계보학, 그리고 권력Nietzsche, genealogy and pow-er」에 따르면, 몸은 "사건이 각인된 표면the inscribed surface of events" 이라고 할 수 있는데, 정치적 사건이나 결정은 우리 몸에 물질적인 영향력을 행사하며, 이렇게 몸에 새겨진 권력의 흔적이 바로 분석 대상이라 할 수 있다. 또한 그는 몸을 "물질적 통일성에 대한 환상" 이나 "영원한 붕괴의 과정 속에 있는 한 권의 책"으로 묘사함으로써, 몸이 견고해 보일지라도 사실은 담론으로 구성된 것에 지나지 않는 것임을 강조한다. 따라서 푸코에게 계보학적 분석이 수행해야 할 임무는 "역사가 각인되어 있는 것으로서의 몸과 역사에 의해 몸이 파괴되는 과정을 폭로하는 것이다."(Foucault 1986b : 83) 그는 몸의 존재론적 견고함에 대해 의문을 제기함과 동시에, "역사적으로 문화적으로 구체적인 실체"로서의 몸에 주의를 기울인다. 다시 말해서, 몸은 사회적 맥락과 시대에 따라 전혀 다른 방식으로 인식되고 취급되며 경험된다는 것이다. 이런 의미에서 몸은 언제나 변화하는 것으로 자연의 산물이 아닌 담론의 산물이다. 따라서 몸에 대한 우리의 경험은 담론으로 매개될 수밖에 없다.

몸권력 이론과 섹슈얼리티의 역사

푸코의 '몸권력' 이론에 따르면, 19세기 이후로 권력에 의한 통제가 집중되는 곳이 바로 몸이다. 지식이 축적됨에 따라 한 사회의 인구 전체가 관찰과 감시의 영역 속에 들어오게 되면서 인구 전체, 특히 몸에 관한 연구와 조사가 더 세련된 형태로 발전하게 된다. 바로 이 지점에서 사회 구성원 전체를 통제하려는 정부의 목적과 인구의 대규모 이동과 성장 추이를 연구하려는 사회학의 목표가 만나게 된다고 푸코는 주장한다. 이렇게 인구 전체를 하나의 자원으로 보려는 시도는 새로운 것으로, 비평가인 허버트 드레이퍼스와 폴 레비노우는 이를 다음과 같이 설명한다. "개인이 국가적 관심의 대상이 된 것은 이들 각자가 국력을 증강하는 데 공헌할 수 있었기 때문이다. 각 개인의 삶과 죽음, 일과 활동 그리고 기쁨은 국가적인 의미를 갖기 시작하였고, 그에 따라 보통 사람들의 일상적 관심사가 정치적 의미를 갖게 되었다."(Dreyfus and Rabinow 1986 : 139) 즉, 정부는 표면적으로는 모든 이의 복지 향상이라는 대의를 위하여 인구조사를 실시했다. 일례로 영국 정부는 노동자계급 속에 퍼져 있는 성병과 근친상간을 뿌리 뽑고자 인구 동향 조사를 실시했지만 실제로는 인구조사가 훈육에 의한 통치를 더욱 강화시키는 결과를 가져왔으며, 결국 국민들은 더욱 철저한 통제와 감시 하에 놓이게 되었다.

　몸권력은 단순하게 전체로서의 인구에 대한 분석에 한정되지 않는다. 이는 섹슈얼리티sexuality〔우리말의 어떤 말로도 푸코가 사용하는 sexuality가 함의하고 있는 의미를 온전히 전달할 수 없다. 단순히 "성"이라고 번역을 하면 sexuality가 지닌 역동성을 표현할 수 없고, "성적 실천"이라고 하기에는 지나치게 제한적인 의미밖에 전달할 수 없다. 따라서 푸코가 사용하는 sexuality 속에 내재된 다양한 함의를 담아내는 방법으로 여기에서는 "섹슈얼리티"라는 음차를 그대로 사용하고자 한다.〕 분석과도 연관된다.

푸코의 섹슈얼리티 분석은 기존의 성 정체성 개념을 전복시키는 데 중요한 역할을 담당해 왔다. 『성의 역사』(1978~1986)에서 그는 자신의 접근법을 다음과 같이 설명한다.

[『성의 역사』는] 성적 행위의 역사나 성에 대한 재현의 역사를 쓰고자함이 아니라, "섹슈얼리티"의 역사를 쓰고자 한 것이다. 섹슈얼리티에 사용된 인용 부호는 중요한 의미를 갖는다. 성적 행위와 관행의 형식과 이들의 진화와 사회적 확산의 과정을 추적하여 성적 행위와 관행의 역사를쓰는 것은 나의 목표가 아니다. 또한 이들 성적 행위를 재현하던 틀로서의 과학적 · 종교적 · 철학적 사상들을 분석하는 것 역시 나의 목표가 아니다. 내가 먼저 강조하고자 한 것은 상당히 최근에 사용되고 있고 누구나 다 알고 있는 섹슈얼리티의 개념이다. 즉, 최근의 섹슈얼리티 개념과연관되어 있는 이론적이면서도 실천적인 맥락을 분석하고자 기존의 친숙한 의미들은 일단 괄호 속에 묶어 놓고 거기서 한 발짝 떨어져 사유해 보는 것이다.(Foucault 1985 : 3)

『성의 역사』세 권을 통하여, 푸코는 고대 그리스 시대 이래로 섹슈얼리티에 대한 관점의 변화와 그에 따른 자아 개념의 변화를 추적한다. 『성의 역사 : 제1권』에서는 19세기에 형성된 섹슈얼리티 개념을 분석하면서 이 시대의 섹슈얼리티 개념이 현재 우리가 사용하고있는 섹슈얼리티 개념의 형성에 큰 영향을 미쳤다고 주장한다. 그는성 문제와 관련하여 17세기의 '솔직함'과 '개방성publicness', 성에 관련된 문제를 밀폐된 침실 속으로 한정시키려 했던 19세기 빅토리아조의 내숭을 대비시킨다. 이런 섹슈얼리티 문제를 다룬 논의에서 중요한 것은, 비록 19세기에 성에 관련된 논의가 중단되고 여러 성적 관행이 제한되었음에도 불구하고, 성에 대한 전면적 억압이 효과를 거두었다거나 최소한 의도했던 결과를 가져왔다고 가정할 수 없다는 것이다. 성에 대한 논의와 섹슈얼리티 자체에 대한 외양상의 억압은 오히려 의도하지 않은 결과를 가져오게 된다. 역설적이게도, 성의 억압은 성에 관해서 이야기하고자 하는 욕망을 증가시켰을 뿐만 아니라, 사회적 금기에 도전하는 데서 비롯되는 쾌락을 증가시켰다.

성이 억압되었다고 한다면, 이는 그것이 금지되고 존재하지 않는 것이 되며, 그에 대해 침묵해야 함을 의미한다. 그렇다면 성에 대해 이야기하는 것만으로도 의도적인 범법 행위처럼 보이게 된다. 〔이런 상황에서〕 누군가 성적인 이야기를 장황하게 늘어놓는다면, 그 사람은 상당 정도 권력의 손아귀에서 벗어나 법률을 뒤흔들고, 자유가 다가오고 있음을 예감하게 된다.(Foucault 1986c : 295)

이는 성의 억압에 대한 역설적 분석이며, 사실상 성에 대한 자유주의적 분석이기도 하다. 그 결과 21세기 사람들은 자유를 성에 대한 거침없는 표현에서 찾을 수 있다고 상상하기도 한다.

푸코는 논문 「우리 또 다른 빅토리아조 사람들We other Victorians」에서 다음과 같이 주장한다.

16세기 말부터 '성을 담론화하는 행위'가 규제의 대상이었다기보다는 오히려 그 반대로 성적 자극을 심화시키는 메커니즘이 되었다. …… 성에 관해 행사되는 권력의 기술은 엄격한 선택의 원칙을 준수하지는 않았다. 그보다는 다양한 섹슈얼리티 형태를 확산시키고 이식시키는 역할을 하였다. …… 거역할 수 없는 금기禁忌가 존재했음에도 불구하고 지식 의지는 멈추지 않았고 오히려 여러 시행착오를 거치면서 성에 대한 과학을 확립하기에 이른다. (Foucault 1986c : 300)

18, 19세기에 성적 행위에 관련하여 유포된 억압적 담론들은 섹슈얼리티의 다양한 가능성을 막지 못하고 오히려 외형상 변태적인 성적 실천들을 가능한 것으로, 그리고 더 중요하게는 (이런 변태적인 것들이 금지되었기 때문에) 욕망할 만한 행위로 재구성하게 된다. 따라서 19세기 이전에는 남성들이 행하던 부적절한 행위 정도로 여겨졌던 동성애가 특정 개인의 정체성을 이르는 말로 변형되었다. 그 결과 역사상 처음으로 동성애와 이성애가 상호 배타적인 개념으로 자리매김하게 되었다. 이와 함께 동성애자들은 성도착증을 가진 특수한 종류의 사람들, 다시 말해서 병리학적인 의미에서의 변태로 취급되기 시작했다. 즉, 동성애가 개인을 구별하는 범주로 고안된 것이다. 그리고 성적 취향을 범주화하는 것이 외형상 최소한의 타당성을 지녔기 때문에 성과 섹슈얼리티가 합법적인 학문적 연구의 대상이 될 수 있었다.

변태와 고해성사

『성의 역사 : 제1권』(1978)에서 푸코는 섹슈얼리티 연구의 초점이 변화하는 추이를 분석하여 18,19세기에 어떻게 하여 변태가 중요한 의미를 갖게 되었는지 보여 준다. 그에 따르면, 17세기의 주요 관심사는 결혼한 부부의 성행위에 관련된 것이었다. "남편과 부인의 성행위는 여러 규칙과 권고 사항들로 가득 차" 있었는데, 예를 들자면, 언제 섹스를 하고 언제 하지 말아야 하는지 등이 있다.(Foucault 1986d : 317) 그러나 다른 종류의 성적 관행들은 "상당히 혼란한 상태로 남아 있었다. 이제 사람들은 '동성애'의 불확실한 지위나 어린아이의 성에 대한 무관심에 대해서 생각해야만 했다."(Foucault 1986d : 317) 18,19세기에 부부 간의 성은 상대적으로 감시의 대상에서 멀어졌으며, 대신 그 초점이 옮겨간 곳은

> 어린아이의 성 문제, 광인, 여성, 범죄자, 이성을 좋아하지 않는 사람들의 욕망 문제, 몽상, 강박관념, 소소한 집착, 격분 등이었다. 과거에는 거의 주목을 끌지 못했던 사람들이 전면으로 나와 자신이 누구인지 힘겨운 고해성사를 해야 한 시기였다.(Foucault 1986d : 318)

이 가운데 푸코가 문제시한 것이 고해성사로서, 사람들은 자신의 과거 행동을 속죄받고자 권위를 가진 누군가에게 과오를 고백해야만 한다. 이런 고해성사의 관행은 기독교 교회에서 발전된 것이기는 하지만 오늘날에도 이와 비슷한 관행들이 광범위하게 퍼져 있다. 예를 들어, 정신과 치료 상담이나 테스티모니아testimonia(증언 문학)와 자

서전, 리얼리티 TV와 게이/레즈비언의 커밍아웃 등이 그것이다. 푸코에 따르면, "서구의 기독교는 이 놀라운 굴레를 발명해 내어 이를 모든 사람에게 뒤집어씌우고 모든 것을 말하도록 강요한다. 사람들은 모든 것을 지워 버리고자 말해야만 했고 아무리 작은 잘못이라도 꾸며 내어야 했다. 그 어느 것도 끊임없이 필사적으로 모든 것을 다 토해 내는 이 중얼거림에서 빠져나가지 못했다."(Foucault 1979d : 84)

푸코가 속죄와 용서를 위한 종교적 의식에서 고백의 역사의 기원을 찾은 이유는 '커밍아웃' 역시 동성애를 죄악시하려는 굴레에서 해방되지 못했기 때문이다. 그러나 게이나 레즈비언 이론가들은 커밍아웃을 해방적 행위로 재정립하려 노력하고 있다. 커밍아웃은 게이나 레즈비언이 자신의 죄를 공개적으로 인정하는 것이 아니기 때문이다. 그들은 자신의 정체성을 떳떳하게 밝힘으로써 기존의 규범으로는 재단할 수 없는 전혀 다른 종류의 인간이 되어 전혀 다른 공동체 속으로 들어가게 된다.

『성의 역사 : 제2권』(1985)에서 푸코의 설명에 따르면, 고대 그리스 사회에서는 동성애가 전혀 다른 방식으로 여겨졌다. 즉, 동성애는 개인의 정체성을 표현하는 말이었다기보다는 자신의 욕망을 스스로 다스릴 수 있음을 의미했다. 푸코가 그리스 시대의 성적 코드를 분석하는 이유는 우리가 현재 사용하고 있는 섹슈얼리티 개념이 역사적 보편성을 가지고 있는 것이 아님을 강조하기 위함이라고 할 수 있다. 즉, 섹슈얼리티의 의미는 역사적·사회적으로 구성되는 것으로 ,우리가 지금 사용하는 개념은 "특정한 유형의 현실에 적용되는" 한정적인 것에 불과하다.(Foucault 1985 : 35)

그리스인들에게 "사람들 상호 간을 구별하는 것은 …… 그들이 어떤 종류의 사람에게 성적으로 이끌리느냐 하는 것도 아니고, 그들이 선호하는 성행위 방식도 아니었다. 그것은 무엇보다도 성행위의 강도였다."(Foucault 1985 : 44) 따라서 성행위를 절제하고 욕구를 조절할 줄 아는 것이 누구와 성 관계를 맺느냐(즉, 여자냐 남자냐 어린아이냐) 하는 문제보다 더 중요했으며, 이는 개인의 도덕성을 규정하는 척도가 되었다. 즉, 푸코에게 중요한 것은 단순하게 각 주체가 자신의 성 정체성을 인식하는 방식뿐만 아니라, 성 정체성이 도덕적인 가치판단의 문제와 결부된다는 사실이다. 그는 성행위와 도덕적 기준 사이에 필연적 연관성이 있다고 믿지 않았다. 대신 다음과 같이 질문한다. "왜 성행위가, 왜 성과 결부된 행위와 쾌락이 도덕적 우려의 대상이 돼야 하는가?"(Foucault 1985 : 10) 그리스인은 성행위와 성욕을 다스림으로써 자신을 도덕적이고 윤리적인 주체로서 형성해 나갔다. 푸코에 따르면, 이 과정은 "각 개인이 자신의 도덕적 실천의 대상을 형성하게 될 자아의 부분을 명확하게 설정하고, 자신이 따르고자 하는 도덕적 가르침과 관련하여 자신의 위치를 규정하며, 도덕적 목표가 될 수 있는 특정 존재 방식을 결정하는 과정"이었다.(Foucault 1985 : 28)

푸코의 주장에 따르면, 동성애뿐만 아니라 섹슈얼리티 자체도 19세기에 발명된 것이다. 18세기까지만 해도 주요 관심사는 "육욕"에 대한 규제, 즉 욕망과 욕구의 조절에 관한 문제였다. 하지만 19세기에 들어서 섹슈얼리티에 대한 관심이 급증했으며, 이후 섹슈얼리티에 대한 관심은 한 사람의 성 정체성이 그 사람의 사회적 정체성을 결정하는 결과를 가져오게 되었다. 따라서 내가 함께 잠을 자는 사람의 성이 내 정체성의 범주를 결정하게 되었다. 푸코는 섹슈얼리티가 다음의 세 가지 축을 따라 형성된다고 보았다. 1) 성적 행동 방식에 대한 지식, 2) 성행위의 관행을 통제하는 권력의 시스템, 3) "개인이 자신을 섹슈얼리티의 주체로 인식하게 되는 방식"(Foucault 1985 : 4)

『성의 역사 : 제1권』과 논문 「억압적 전제The repressive hypothesis」 (1986d)에서 푸코는 18,19세기에 어린아이의 섹슈얼리티에 관한 담론을 논한다. 그에 따르면 17세기에는 어른과 아이들이 성 문제에 관하여 어느 정도 자유롭게 이야기할 수 있었다. 하지만 이후 그런 자유는 남자 아이의 자위행위를 방지하려는 억압적인 움직임 속에서 사라지고 만다. 그렇다고 해서 "이것이 평범하고 단순하게 침묵을 강요한 것은 아니었다. 오히려 그것은 새로운 담론의 영역을 창출해 내었다. 성에 관해서 이야기하지 않았던 것이 아니었다. 단지 그에 대한 이야기가 다른 방식으로 이루어졌고 성취하고자 하는 목표 역시 달라졌다."(Foucault 1986d : 309) 푸코는 당시에 세워진 학교 건물 양식이 이를 잘 설명해 준다고 주장한다.

성 문제는 언제나 우선적 고려 대상이었다. 학교 건축가들은 명시적으로 이를 고려하였다. 관료들 또한 끊임없이 이 문제를 고려했고, 모든 권력자들 역시 항상 경각심을 가지고 있었다. …… 수업 공간, 탁자 모양, 여가 생활 교육, 기숙사의 배치 및 설계(칸막이를 설치할 것인가 말 것인가, 커튼을 달 것인가 말 것인가), 취침 시간의 통제 규칙— 이 모든 것이 아주 장황하게 어린이의 섹슈얼리티를 언급되고 있다.(Foucault 1986d : 310)

(남자) 아이들의 섹슈얼리티는 학교에서 대처하고 다루어야 할 문제였을 뿐만 아니라, 일반적인 공공의 문제로서 부모들이나 의사, 학교 선생들도 교육받아야만 하는 문제였다.

의사들은 교육기관의 수장 및 교수들과 상담했으며, 학부모들에게 의견을 전달하기도 하였다. 교육자들은 기획안을 세워 상부에 제출하였으며, 학교 선생들은 학생들에게 눈을 돌려 충고를 하기도 하고, 도덕적 의학적 실례들을 담은 교육 도서를 집필하기도 하였다. 남학생들과 그들의 성에 관련하여 교훈서, 의견서, 관찰서, 의학적 소견서, 임상병리서, 이상적 제도 개혁과 기획을 위한 개론서 등 많은 서적이 홍수를 이루었다.(Foucault 1986d : 310)

이런 의미에서 남자 아이들의 섹슈얼리티를 억압하려 했다거나 그에 관해 침묵을 강요했다기보다는, 그와 반대로 아이들은 "때로는 그들에게 직접적으로 이야기하거나 때로는 그들에 관해 이야기하려는 담론의 그물망" 속으로 인도되었으며, 이 담론의 그물 속에서 어린아이들의 섹슈얼리티가 형성되었다.(Foucault 1986d : 311)

그리하여 남자 아이들의 자위행위를 뿌리 뽑아야 할 전염병으로 취급하는 것은 다음과 같은 결과를 가져왔다.

이 빈약한 쾌락을 버팀목으로 이용하거나, 그 쾌락을 비밀로 해 두고 (쾌락 자체를 비밀스럽게 감춤으로써 아이들이 발견하게끔 만드는 것), 쾌락의 원천을 추적하고, 그 기원과 결과를 밝혀내고, 쾌락을 일으키거나 그것을 존재하게 하는 모든 것을 찾아내었다. 쾌락이 나타날 수 있는 가능성이 있는 곳이면 어디든 감시 장치를 설치하였다. 빠질 수밖에 없는 함정을 파놓고 무궁무진한 교정 담론을 강요하였다. 부모와 선생들은 언제나 경각심을 가지고 모든 아이가 죄인인 양 의심의 눈초리로 쳐다보았다. 그리고 의심의 강도가 충분하지 못할 경우 선생과 부모는 혹여 감시가 철저하지 못한 것은 아닌가 하는 자괴감에 빠지기도 하였다. …… 성 의학 담론이 가정환경을 지배하게 된 것이다.(Foucault 1986d : 322)

이 같은 어린이의 섹슈얼리티 분석이 보이는 흥미로운 점은 푸코가 이전의 가설들을 뒤집어 버린다는 것이다. 즉, 철저하게 억압되어 입 밖으로 꺼낼 수조차 없었을 것 같던 문제들이 사실은 가장 활발하게 논의되었으며, 권력자는 자신이 억압하고자 하는 바로 그것에 기대어 권력을 유지했다는 것이다. 이것은 억압이나 금지에 관한 종래의 개념과는 상당히 다른 것으로, 푸코는 이를 다음과 같이 설명한다.

어린이의 "악행惡行"은 해를 끼치는 적敵이었다기보다는 조력자에 가까웠다. 그 악행은 제거되어야 할 악으로 지목된 것이다. 하지만 실패가 예정된 이 적과의 싸움에 투여된 그 엄청난 노력은 그것이 그 악을 영원히 제거하기 위함이었는지 아니면 그 악을 극단까지 확산시키기 위함이었는지 의심하지 않을 수 없도록 만든다. 권력은 언제나 이런 조력자에 의존하여 발전하고 새로운 자손을 번식하고 결과물을 이끌어 낸다. 반면에 권력의 공격을 받는 대상체는 권력의 번식과 보조를 맞추어, 확장되고, 세

분화되며, 새로운 가지를 치면서 현실 속으로 더욱 깊이 침투한다.(Fouca
-ult 1986d : 322)

　　결국 푸코의 섹슈얼리티 분석은 곧 권력이 작동하는 방식에 대한 분석이라고 할 수 있다. 즉, 어린이의 섹슈얼리티에 대한 통제가 전혀 다른 결과를 가져왔듯이, 권력은 의도하지 않은 결과를 낳을 수도 있다는 것이다.

성행위를 범주화하는 방식

섹슈얼리티 분석의 일부로서, 푸코는 또한 요즘 우리가 어린이 성추행이라고 부르는 것도 아울러 분석한다. 그는 이에 대해 "대수롭지 않은 목가적 쾌락"이라는 꼬리표를 붙인다.(Foucault 1986d : 312) 그는 1869년 점잖지 못한 추행으로 기소되었던 프랑스 남성 농장 일꾼의 경우를 예로 든다.(푸코의 말을 그대로 옮기자면, "그는 어린 여자아이에게 몇 차례의 애무를 얻어 냈다.") 그 일꾼은 곧 체포되었고, 이 사건의 진상 조사를 위해 프랑스 경찰과 의사 및 두 명의 다른 전문가가 참여하였다. 푸코에 따르면, 이 사건이 지니는 유일한 의미는 그 모든 것의 사소함이라 할 수 있다. 즉, "농촌 마을의 성 생활에서 일어날 수 있는 이 일상적인 사건이 …… 어느 순간부터인가 집단적 분개의 대상이 되었을 뿐만이 아니라 사법적 처리 및 의학적 개입, 그리고 임상적 검사 및 이론적 검토의 대상이 되었다."(Foucault 1986d : 313) 당국은 그를 무죄로 방면했지만, 그는 평생을 병원에 감금된 채 보내야만 했다. 여기에서 푸코가 그 청년을 동정한 것만은 분명한 것 같다. 그는 "단순한 정신 구조의 어른과 약아빠진 어린아이 사이의 공공연한 쾌락"을 언급하며, "이 농촌 얼뜨기는 좀 더 나이 먹은 여자아이들이 하지 않으려 했던 일의 대가로 꼬마 여자아이에게 몇 푼 쥐어 주곤 했을 것"이라고 말한다. 하지만 특히 요즘 '어린이 애호증〔paedophlia : 어린아이를 대상으로 하는 성 도착증〕'에 대한 관심이 커지면서 이런 "공공연한 쾌락"은 그렇게 대수롭지 않은 문제가 아닌 듯하다. 어쨌건 푸코는 이러한 행위를 범주화하는 방식을 문제시하며, 그 같은 행위를 하는 사람들을 어린이 애호증이라는 범주에 의존하지 말고 분석해 보라고 요구한다.

몇몇 페미니스트 이론가들은 이런 식의 섹슈얼리티 분석이 생산적인 것이라 여기고, 특정 성행위에 대한 우리의 반응이 당연한 것처럼 보일지라도 이를 재고해 볼 여지가 있다고 주장한다. 예를 들어 니콜라 가비Nicola Gavey는 광범위한 이성애 여성들을 대상으로 한 설문조사에서 자신들의 파트너와 원치 않는 섹스를 한 경험이 있는지를 조사했다.(Gavey 1993) 대부분의 여성들이 원치 않은 섹스를 한 경험이 있음을 인정하기는 했지만, 이런 성행위를 강간으로 규정하지는 않았다. 그들은 남성과 여성 간의 성적 욕구와 충동 간의 차이점을 인정하고 있었기 때문이었다. 가비의 주장에 따르면, 여성과 남성 간의 관계가 여전히 불평등한 권력관계 위에서 구조화되고 있는 탓에, 몇몇 여성들은 파트너와의 섹스를 거부하지 못한다. 이는 많은 이성애 여성들이 성 관계를 합의consent와 이용성availability 사이의 개념적 모순의 차원에서 이해하고 있기 때문이다. "여성의 섹슈얼리티에 대한 지배적 담론이 욕망과 같은 좀 더 적극적인 개념을 무시한 채 합의의 개념을 중심으로 구조화될 경우, 여성들이 유의미한 방식으로 합의 개념을 이해하지 못하는 것은 당연하다."(Gavey 1993 : 15)

또 다른 페미니즘 연구에서 린다 그랜트Linda Grant는 '연애 강간 date rape'이 언제나 언론이나 치료의학자들이 추측하는 것과 같은 파괴적인 결과를 가져온다는 가정에 의문을 제기한다. 그랜트는 지난 15년간 연애 강간 개념이 형성되어 온 과정을 분석하고, 현재 통용되고 있는 연애 강간 개념을 1970년대에 원치 않는 섹스를 해야 했던 자신의 경험과 비교한다. 그랜트는 이런 식의 성적 경험이 불쾌하고 자신을 분노하게 만들기도 했지만, 그 경험이 남들의 눈에 강간으로 비쳐졌을 때는 스스로 놀라지 않을 수 없었다고 고백한다. 그녀는 전략적으로 자신의 경험을 제3자의 입장에서 다음과 같이 설명한다.

오후가 다 지나갈 무렵, 그녀는 그 전날 밤 일을 거의 망각하고 있었다. 그녀는 순결을 빼앗겼다고 느끼지 않았다. 그녀는 열두 번 샤워를 하지도 않았고 더럽혀진 살을 닦아 내려고도 하지 않았다. 자신의 정체성이 증발해 버리는 듯한 느낌도 없었다. 물론 경찰에 신고도 하지 않았다. 대학 당국에 고발도 하지 않았다. 그녀는 그 남자에게 따지지도 않았다. 그녀가 한 일은 몇몇 사람들에게 지난밤에 있었던 일을 털어놓은 것이었고, 다들 그 남자의 성격이 원래 그렇다고 동의했다. 즉, 그는 건방지고 자기중심적인 놈이었다. …… 그 어느 누구도 가서 상담을 받아 보라고 권유하지 않았다. 그 어느 누구도 그녀를 붙잡지 않았다. 그녀는 거식증에 걸리지도 않았고, 그 사건이 깊은 정신적 외상이 될 것이라고 느낄 수도 없

었다. 그녀는 그저 재수가 없었다고 생각했다.(Grant 1994 : 79)

강간이나 성폭력이 여성에 대한 잔인한 모독이며 심각한 정신적 후유증을 유발한다는 것은 자명한 사실이기 때문에, 그랜트는 여성에 대한 폭력적 강간이 가져오는 정신적 외상을 분석의 대상으로 삼지 않는다. 다만 그랜트가 우리의 주의를 환기시켜 주는 부분은 연애 강간이 정신적 외상뿐만 아니라 그 이외 여러 가지 행동 방식을 유발시키는 성적 행위라는 것이다. 즉, 그녀는 이 여러 반응들이 반드시 연애 강간에서 기인한 필연적 결과인지를 질문하고 있는 것이다. 따라서 푸코의 이론을 이용하는 페미니즘 학자들은 성폭력과 그에 대한 반응이 결코 일률적이지 않음을, 따라서 그 어떤 것도 당연한 것이 될 수 없음을 보여 주고자 한다.

수행적인 정체성

이렇게 담론이 구현되고 작용하는 장으로서의 몸에 초점을 맞추는 것은 자유주의적 휴머니즘의 함정(즉, 각 개인은 변하지 않는 유일무이한 본성을 가지고 있다는 가정)에 빠지지 않고 인간의 정체성을 구성해 보려는 푸코의 노력의 일환이라 할 수 있다. 그는 권력관계가 특정 유형의 정체성을 생산해 내는 방식에 주목한다. 그렇지만 권력을 단순히 억압의 장으로 보거나, 권력이 한 개인의 정체성 자체를 완전히 결정한다고 보지는 않는다. 그가 보기에 정체성은 권력과 개인 간의 타협과 상호 작용 속에서 형성된다. 그는 저항 담론counter-discourse과 저항적 동일시counter-identification의 가능성이 언제나 열려 있다고 주장한다. 즉, 개인은 "변태적 섹슈얼리티"와 같은 사회적 낙인들을 기꺼이 받아들이고, 이를 부정적으로 바라보기보다는 그 자체를 즐겁게 향유할 수 있다는 것이다. 따라서 어떤 레즈비언들은 자신들을 기꺼이 "다이크dyke〔레즈비언의 남자 역〕"라고 부르고 어떤 남성 게이는 "여왕"이나 "푸pooh〔여자 같은 남자〕"와 같은 용어를 긍정적으로 사용하기도 한다. 실제로 반본질주의적 레즈비언과 게이 이론에 대해 "퀴어Queer"라는 말을 사용하는 것 자체가 저항적 동일시의 한 예가 될 수 있다. 즉, 동성애자를 비하하는 말을 역으로 긍정적인 용어로 사용하는 것이다.

푸코는 동성애자들의 전형적인 이미지들을 분석한다. "19세기 텍스트에는 동성애자나 성도착자에 대한 전형적인 묘사가 나타난다. 그들의 버릇이나 몸가짐, 치장하는 방식, 요염한 척하는 모습뿐만 아니라 얼굴 표정, 골격, 몸 전체의 여성적 형태 등이 이들을 비하하는 묘사 속에 규칙적으로 나타난다."(Foucault 1985 : 18) 푸코는 이런 전형적인 이미지가 어떻게 동성애자 전체를 대표하는 이미지가 되었는지에 초점을 맞추고, 이 이미지가 완전히 허구라기보다는 동성애자의 실제 행동과 그들이 자신을 남들에게 표현하는 방식과 복잡하게 얽혀 있다고 주장한다. 왜냐하면 "이 동성애자들의 행동 방식에 대한 귀납적 논리와 그들의 도전적인 자세가 복잡하게 상호 작용함으로써 이들의 실제 행동이 전형적인 이미지와 상응할 수 있었기 때문이다."(Foucault 1985 : 18)

이렇게 한 개인이 자신에게 붙여진 부정적인 스테레오타입을 거꾸로 이용하여 개성을 표현할 수 있는 긍정적 수단으로 뒤바꿀 수 있다는 발상의 전환은 여러 레즈비언 이론가들에게 적극 수용되고 있다. 예를 들어서 로빈 퀸Robyn Queen에 따르면, 레즈비언들은 종종 전형적인 이성애자들의 행동 방식을 패러디하고 이를 레즈비언과 게이, 부취butch〔레즈비언의 남성 역〕와 펨므femme〔레즈비언의 여성 역〕의 전형적인 행동 방식과 뒤섞어 아이러니를 자아냄으로써 자신들을 표현한다고 한다.(Queen 1997)

윌리엄 리프William Leap는 더 재미있는 예를 든다. 어떤 남성 게이가 화장실 벽에 낙서 된 "호모 자식들 죽어라Death to Faggots"라는 문구를 보고, 그에 점잖게 답변하였다. "젊은이, 그분은 당신을 위한 동성애자입니다That's Mr. faggot to you, punk." 리프는 이를 다음과 같이 해석한다. "죽음의 협박에 대응하여 적절한 언어 예절을 지켜 말하는 것이 퀴어 언어의 백미다."(Leap 1997)

즉, 푸코는 지금 이 순간 우리에게 주어진 정체성이 영구불변의 어떤 것도 아니며 또한 정체성이 한 가지 관점으로만 규정될 수 있는 것도 아니라고 주장한다. 대신 그는 타인에 의해 강요된 정체성을 전복시킬 수 있는 다양한 방법이 존재한다고 주장한다. 많은 퀴어 이론가들에게 정체성이란 우리가 소유하고 있는 어떤 것이 아니라 기껏해야 수행적인performative 것으로, 우리가 행하고 실천하는 것, 혹은 기존의 담론 관행의 파편들을 조립한 것에 지나지 않는다.(Butler 1990)

푸코가 일관되게 관심을 갖고 분석하고 있는 쟁점 중 하나는 1960년대 이래로 사람들이 자신의 섹슈얼리티에 관한 진실을 탐색하는 방식이다. 만일 누군가 성에 관해 개방적이고 내숭이라는 굴레에서 자유스럽다면, 그 사람은 자기 자신의 참모습에 좀 더 가까운 사람일 것이라는 게 일반적인 생각이었다. 19세기 성 지식의 발달로 개인들은 "자기 자신에게 주의를 기울이게 되었고, 자신을 욕망의 주체로 해석하고, 인식하고, 또 그것을 인정하게 되었으며, 또한 특정한 사회적 관계를 통해 존재의 진실을 욕망 속에서 발견하고자 하였다. 비록 그 욕망이 타락한 것이었을지라도."(Foucault 1985 : 5) 그러나 『성의 역사 : 제1권』에서 푸코는 섹슈얼리티를 통한 해방이 허상에 지나지 않는다고 주장한다. "욕망이 있는 곳이면 어디든 이미 권력관계가 도사리고 있다. 즉, 모든 사건에는 억압이 행사되고 있는 까닭에 이 권력관계를 부정하는 것은 허상에 지나지 않는다. 또한 권력이 미치지 않는 곳에 존재하는 욕망을 쫓는 것 역시 허황된 일이다."(Foucault 1978 : 151)

여성성과 훈육

푸코는 동성애자들과 어린이의 성이 구성되는 방식을 고찰하는 데서 그치지 않고 여성의 몸과 섹슈얼리티가 사회적 권력에 의해 어떻게 형성되는지의 문제로까지 분석의 범위를 확장시킨다. 여성의 몸, 특히 중간계급 여성의 몸은 광범위하고 다양한 관행과 담론의 주제가 되어 왔다. 페미니스트 이론가들은 앞 장에서 언급한 훈육을 통한 지배의 개념을 차용하여 일반적으로 여성성femininity이라 통용되는 것이 여성의 육체에 어떻게 작용하는지를 분석한다. 훈육을 통한 지배란

한 사람의 행동을 감시하여 자신의 욕망이나 몸짓 혹은 감정을 스스로 통제하도록 하는 일련의 규칙과 규범에 종속시키는 것이다.

『감시와 처벌』에서, 푸코는 사회제도가 원활하게 기능할 수 있도록 하고자 19세기에 감옥과 군대에 설치된 훈육 장치들을 설명한다. 이런 제도 내에서 인간들은 명령에 복종하며 아주 세속적인 행위마저 엄격한 규칙에 따라 수행하게 되고, 결국에는 그런 규칙들을 마치 자신의 본성인 양 받아들이고 내화하게 된다. 자본주의 생산양식은 노동 윤리를 확립하고자 이런 제도에서 다양한 통치 기술을 흡수하고 이를 노동자들에게 주입시킴으로써 시간 엄수와 자기 통제, 꼼꼼함 등을 노동자가 갖추어야 할 바람직한 덕목으로 일반화시켜 왔다. 여러 페미니스트 이론가들은 여성성이 이와 비슷한 방식으로 훈육을 통한 지배 수단으로 사용되어 왔다고 주장한다. 만약 여성성이 성취될 수 있는 것이라고 한다면, 이는 체모 제거, 화장, 운동, 다이어트, 복장 등에 대한 통제를 통하여 자신의 몸을 이상적 여성상에 가깝게 만들려는 오랜 노력을 통하여 성취된다. 페미니스트 이론가들이 관심을 갖는 부분은 바로 이렇게 미시적인 차원에서 여성의 육체에 가해지는 훈육의 작용이다.

그러나 몇몇 페미니스트 이론가들은 훈육을 통한 지배가 제도권 외부에서 작동하기 때문에 그다지 효과적이지 못할 수도 있다고 주장하기도 한다. 그리고 샌드라 바키는 "그 누구도 총부리가 무서워 체모 제거 수술을 받으러 가는 것은 아니다."라고 주장한다. (Bartky 1988 : 75) 여성성을 어떻게 관리하고 유지해야 하는지 조언하는 전문가가 많다는 것은 주지의 사실이지만, 그럼에도 불구하고 우리는 여전히 질문할 수 있다. 누가 "여성성을 관장하는 최고 책임자인가? …… 여성의 육체에 여성성을 각인시키는 훈육의 권력은 모든 곳에 존재하기도 하지만 동시에 어느 곳에도 존재하지 않는다. 누구든 훈육의 주체가 될 수 있지만 구체적으로 누구라고 지칭하지도 못한다."(Bartky 1988 : 70) 즉, 여성성의 문제에서 훈육을 통한 지배의 요소가 존재하는 것은 분명하지만, 이를 다른 종류의 지배 영역과 구별해 줄 수 있는 특정 행위 주체가 존재하지 않는 것도 사실이다. 여성성의 통제를 관장하는 제도적 주체가 부재하다는 사실은 구체적인 비판과 변혁의 대상을 찾기가 힘들다는 것을 의미하기도 한다. 바로 이런 연유로 인하여 최근 영국 노동당 정부가 젊은 여성의 몸매에 관한 일반적인 관점을 바꾸려고 노력하다가 결국에는 여성 잡지에 등장하는 여성의 이미지를 변화시키는 것으로 방향을 전환할 수밖에 없었다.

샌드라 바키와 수전 보르도Susan Bordo가 거식증anorexia nervosa문제를 다룬 논문에 따르면, 거식증은 여성의 몸이 어떻게 특수한 담론의 틀에 종속되는지를 보여 주는 좋은 사례이다.(Bartky 1988 ; Bordo 1989) 여기에서 우리는 푸코가 '권력의 미시물리학microphysics of power'이라고 부르는 것이 작동하고 있음을 관찰할 수 있다. 권력의 미시물리학이란 권력의 미세한 작용을 지칭하는 것으로, 거식증의 경우 일상생활 속에서 여성의 몸이 미시적인 부분까지 권력에 지배받고 있음을 보여 준다. 예를 들어, 육체와 대상의 일상적 상호 조합을 지배하는 훈육의 관행은 우리의 몸이 특정한 방식으로 "길들여지도록" 훈련시킨다.(Bartky 1988 : 61)

푸코의 이론을 이용하여 설명하는 보르도에 따르면, 역사적으로 우리가 육체를 인식하는 방식과 연관된 몇 가지 중요한 주제가 있으며 이를 통하여 우리는 거식증을 효과적으로 분석할 수 있다.(Bordo 1989) 첫째, 몸은 영혼의 진정한 자아 혹은 생각하는 자아에게서 소외되어 있는 것으로 경험된다. 둘째, 몸은 영혼을 가두거나 제약하는 것으로 경험된다. 셋째, 몸은 우리의 적으로서 우리가 통제할 수 있는 대상이 아니다. 각각의 관점들은 각기 다른 역사적 시기에 나타나 때로는 상호 연관성 속에서 때로는 대립적인 관계 속에서 이용되었다. 거식증 환자들은 자신을(즉, 자신의 통제권 밖에 존재하는 몸의 일부를) 통제하고자 각 관점들의 대립적인 관계들을 역전시키고자 한다.

바키는 많은 여성들이 사회적으로 추구되는 여성성을 만들어 가고자 갖은 노력을 다하는 상황에서 몇몇 부정적인 형태의 여성성에 저항하려는 페미니스트 운동은 성공할 가능성이 거의 없다고 주장한다.

여성들은 …… 여타 능력 있는 개인들과 마찬가지로 자신의 능력을 영속화하려고 모든 노력을 경주한다. 그 능력을 얻는 데 얼마나 많은 비용이 드느냐는 문제가 되지 않는다. 또한 그런 능력을 획득해야 할 필요가 전혀 없었다면 여성으로서 더 행복하게 살 수 있지 않았을까 하는 문제와도 전혀 무관하다. 따라서 페미니즘은 …… 여성들에게서 행복해질 수 있는 능력을 박탈하겠다고 위협하는 것이며, 이는 일반 사람들이 바라는 바가 아니다. 그리고 무엇보다도 이는 정체성의 여러 측면 중에서도 개인적 경쟁력을 향상시킬 수 있는 바로 그 부분에 문제를 제기하고 있는 것이다.(Bartky 1988 : 77)

결론

푸코의 몸과 섹슈얼리티 분석은 상식적인 모든 요소를 낯설게 만들고 우리 몸이 불변의 본성을 지니고 있다고 하는 모든 주장들에 도전을 한다. 섹슈얼리티에 관한 푸코의 사상은 성적 선택과 선호의 문제와 정체성 사이의 관계를 근본부터 다시 질문하도록 요구한다. 그의 이론은 또한 정체성의 문제 자체를 재정립하는 데도 영향을 미쳤는데, 이를 통하여 우리는 정체성을 본질주의적인 관점에서 벗어나 수행적이고 실천적인 관점에서 다시 생각해 볼 수 있었다.

푸코는 제도가 우리 몸에 미치는 영향을 분석하고 권력관계가 우리 몸을 통해서 어떻게 발현되는지를 고찰한다. 그러나 이 과정 속에서 몸을 단순히 수동적인 객체로 전락시키지 않는다. 그는 훈육적 통제가 이루어지는 방식을 설명함과 동시에 그에 대한 저항의 가능성을 탐색한다.

06

주체의 죽음 : 광기와 이성

Michel Foucault

담론과 권력관계의 산물, 주체

푸코의 저작을 관통하는 핵심적 주제 중 하나는 안정되고 고정된 것으로서의 주체 개념을 비판하는 것이다. 예를 들어, 앞 장에서 살펴본 『성의 역사』는 한 사람의 성생활이, 즉 누구와 어떤 성 관계를 맺느냐 하는 문제가 어떻게 그 사람의 사회적 정체성 전체를 규정할 수 있는지의 문제를 탐색하면서 젠더와 성 정체성 개념을 문제시한다. 『지식의 고고학』(1972)과 『말과 사물』(1973)에서는 개인과 몰개성적이며 추상적인 구조로서의 담론의 관계를 분석할 수 있는 틀을 발전시켜 이를 통하여 전통적인 개인의 개념을 문제시함으로써 개인은 담론이 현실적으로 발현되는 장에 불과하다고 주장한다.(이 문제는 2장에서 다루었다.) 푸코는 정신병 개념이 구성되는 방식을 고찰하여 개인이라는 개념의 핵심부에 존재하는 주체 개념을 분석하기도 했다.

푸코가 학자로서 걸어온 길은 대부분 철학과 관련되어 있기는 하지만, 심리학 역시 그와 떼어놓을 수 없는 관계에 있다. 첫 번째 학위를 받은 후 그는 심리학 학위를 취득했고, 이후에 병리심리학을 공부했다. 그는 잠시 정신병원에 근무하며 죄수들의 심리를 감정하는 일을 하기도 했다. 심리학에 대한 이런 관심은 여러 저작에서 표출되었는데, 대표적으로 『광기의 역사』(1967)를 들 수 있다. 푸코는 본인이 평생 우울증에 시달렸고 수차례 자살을 시도하기도 했다. 그 당시에 동성애자로서 살아가는 것이 상당히 괴로운 일이기도 했지만, "심리학에 대한 그의 두드러진 관심은 자기 삶의 근원적인 부분에서 시작되었다."고 말하는 것이 더 정확할 것이다.(Eribon 1991 : 27) 푸코는 정신병과 섹슈얼리티에 대한 우리의 인습적 편견에 도전하려 했고, 그 결과 전통적인 개인 개념을 비판하고 동시에 새로운 개인의 개념을 정립하여 주체를 담론과 권력관계의 산물로서 바라보게 되었다.

광기의 발명과 근대성

광기가 사회제도에 의해 구성되고 생산되는 방식을 분석한 『광기의 역사』는 사회적으로 큰 파장을 몰고 왔다. 이 책이 출판될 무렵 영국과 미국에서는 정신병에 대한 의학적 접근을 비판하고 대안을 찾으려 한 대체의학 운동이 발원했다. 이 상황에서 푸코는 광기가 어떤 항구적인 정신 상태를 의미하는 것이 아니며, 또한 정신병은 "〔인간이〕 역사적으로 소외될 수밖에 없는 사회적 모순의 결과"임을 설명하려 했다.(Foucault, 재인용 Eribon 1991 : 70)

이 사회적 모순은 시대에 따라 변화하게 마련이다. 그에 따르면, 역사의 특정 시점에 이르러 사회적으로 이성 개념을 정립하고자 광기 개념을 발명했으며, 이에 따라 광기는 이성과 비이성의 경계선을 표시하는 울타리와 같은 역할을 수행했다. 광기의 발명은 근대성의 발전이라는 더 큰 역사적 과정의 일부로 해석될 수 있다. 즉, 종교에

기반한 에피스테메가 의학적 분석에 토대를 둔 에피스테메로 전환되는 과정에서 나타난 것이다. 페미니스트 지리학자인 리즈 본디Liz Bondi와 에리카 버먼Erica Burman은 푸코의 이론에 근거하여 다음과 같이 주장한다. "합리적 부르주아 개인(문화적으로는 남성적) 주체의 탄생을 의미하는 생산과 소비 시스템의 부상과 함께, 개인의 경험을 생산하고 평가하는 기준이 도덕적·종교적 차원에서 세속적이고 의학적인 접근법으로 전환되었는데—푸코적인 분석에 의하면—이것이 근대로의 이행을 창출해 내었다."(Bondi and Burman 2001 : 7)

도넬리 같은 학자는 심지어 "초창기 정신의학이 치료의 대상으로서 '광기'를 만들어 냈다."고 주장한다.(Donnelly 1986 : 18) 이는 정신의학 발전에 대한 지나친 의도주의적 설명처럼 보일 수도 있지만, 절대 과장이라고 할 수는 없다. 광기의 역사를 분석하는 푸코의 방법론은 "특정한 시기에 무엇이 광기 혹은 이성으로 여겨지고, 어떤 행동이 정신병적인 행동이나 정상적 행동으로 여겨지는지를 질문하기보다는 …… 이런 구별이 어떻게 작동하는지를 묻는다."(Foucault 1991b : 74) 따라서 진리와 지식의 구성 방식에 대한 분석에서와 마찬가지로, 그는 어떻게 광기라는 개념이 유지되는지, 또 어떤 도구를 통하여 광기가 하나의 범주로 계속해서 사회적으로 통용되는지, 광기와 이성을 구별하는 절차는 무엇인지에 관심을 갖는다.

푸코는 광기의 개념 자체를 화석화시키기보다는 역사적으로 광기가 어떤 형태로 구성되고 어떤 방식으로 판단되었는지를 추적한다. 그렇기 때문에 데이비드 쿠퍼David Cooper는 우리가 푸코의 『광기의 역사』를 읽을 때 광기를 현재 서구에서 통용되는 부정적인 개념으로 해석해서는 안 된다고 주장한다. 그에 따르면, "우리는 광기에 투영된 비극적 상실감을 느껴야만 한다. 즉, 광기의 역사는 정신적 경험의 한 축인 야생적 카리스마나 영감靈感의 영역이 의사 의학적 범주로 전락하는 과정이며, 이런 의사 의학에서 현재의 임상 정신의학이 탄생한 것이다."(Cooper, Introduction to Foucault 1999 : viii) 한때 환청을 듣는다거나 환각 상태나 히스테리에 빠지고 헛소리를 하는 것 같은 행위들이 교회의 평가와 재가를 받기보다는 신 내림이나 하나님에게 영적인 감화를 받고 혹은 천사의 영감을 받는 행위로 받아들여졌다. 하지만 근대에 들어서면서 이 같은 행위들은 감금과 약물치료의 대상이 되었다. 푸코는 시대에 따른 광기 개념의 변화를 다음과 같이 설명한다.

> 르네상스 시대에는 광기가 일상적으로 존재했으며 광기의 이미지와 위험성들은 일상적 경험과 혼재하였다. 고전주의 시대에는 광기가 사람들의 눈에서 사라지지는 않았으나 언제나 감금된 상태로 있었다. 설령 존재한다고 하더라도 발길이 닿지 않는 먼 곳에서 이성의 감시를 받으며 존재했다. 이성은 더 이상 광기와 어떤 연관성도 느끼지 못할뿐더러 그와의 유사점을 찾아내어 타협하려 하지도 않았다.(Foucault 1999 : 70)

또한 푸코에 따르면, 고전주의 시대에는 광기가 요즘처럼 병으로 취급받지 않았고 일종의 동물성animality의 표출로 여겨졌다. 『광기의 역사』에서 푸코는 다음과 같이 기술한다. "광기 속에서 포효하는 동물성은 인간에게서 인간성을 앗아 갔다. 이는 그 사람을 또 다른 힘의 영역으로 떠넘겨 버리려는 것이 아니라 그저 자신의 원래 본성을 되찾아 주기 위함이었다."(Foucault 1999 : 74)

이런 분석은 우리가 21세기에 광기를 다루고 해석하는 방식을 분석할 때 반드시 명심해야 할 부분이다. 왜냐하면 현재 정신병을 의학적으로 치료하거나 감금할 경우, 혹은 공동체 내에서 그런 사람들을 보살필 경우에도 우리는 광기와 치료에 대해 예전과는 전혀 다른 모델을 상정하고 있기 때문이다. 만약 광기가 동물성의 표현이라고 한다면 그에 대한 치료는 단순히 이런 동물적 열정을 제어할 수 있는 훈육과 폭력을 사용하면 된다. 반면에 광기가 두뇌의 화학적 불균형에서 초래된 것이라면, 혹은 어린 시절의 정신적 외상을 억압한 결과라고 한다면, 이에 대한 치료는 화학적 균형을 복원시킬 수 있는 약물요법이나 상담 치료가 되어야 한다.

푸코에 따르면, 18세기에는 광기가 유머humour〔유머는 고대 유럽의 생리학에서 인간의 본성을 이루는 네 가지 체액을 뜻하는 말이었다. 네 가지 기본 체액은 혈액, 점액, 담즙, 흑담즙으로 구성되며, 이 네 가지가 어떻게 배합되느냐에 따라 그 사람의 성격과 체질이 규정된다고 믿었다. 현대에 사용되고 있는 웃음을 만들어 내는 재치로서의 유머는 이 네 가지 기질을 과장하여 웃음을 자아내려 했던 17세기 영국의 "기질희극comedy of humours"에서 유래되었다.〕 체계의 불균형에서 기인한다고 믿었는데, 당시 광기를 치료하는 갖가지 기괴한 방법들이 발전했다. 환자들은 수혈을 받기도 했고, 찬물에 갑자기 빠뜨리는 충격 요법을 받기도 하였으며, 맛이 쓴 음식을 강제로 섭취하기도 했다. 이렇게 과거에 광기를 치료하던 낯선 방식에 초점을 맞춤으로써 푸코는 현재 우리가 광기를 대하는 방식을 비판적으로 뒤집어 보라고 요구한다. 다시 말해서 현재 광기는 병리학적인 차원에서 다루어지며 감금이나 약물 혹은 전기충격요법으로 치료되고 있는데, 이런 것이 얼마나 기괴한 일인지 생각해 봐야 한다는 것이다.

『광기의 역사』에서 푸코는 광기와 이성의 구분을 당연한 것으로 받아들이지 않는다. 그리고 정신병 환자 수용소의 건립과 같은 제도적인 변화가 어떻게 광기와 이성의 구별을 심화시키는지 고찰한다. 그는 정신병 환자를 병원에 감금하는 행위는 12세기에 무시무시한 전염병이었던 문둥병 환자를 격리시키던 관행에서 유래했다고 설명한다. 유럽에서 나병 환자 수용소는 병의 확산을 예방하고자 12세기부터 세워지기 시작했다. 당시 영국과 스코틀랜드에서만 220곳의 나병 환자 수용소가 세워졌다. 이런 격리 정책과 아울러, 십자군전쟁이 종결되어 동양에서 병이 전염될 수 있는 원천이 봉쇄됨에 따라 16세기부터 유럽에서 나병의 확산이 현저하게 감소되었다.

17세기에는 나병 환자를 수용할 목적으로 세워진 병원이 "사회적 낙오자"들의 수용소로 전용되었다. 이 사회적 낙오자 집단에는 행동이 비정상적이라고 여겨지던 사람들과 함께 게으름뱅이, 가난뱅이, 가문의 명예를 실추시킨 사람들이 포함되었다. 일을 하지 못하거나 일을 하지 않으려는 사람들도 이 범주에 포함되어 감금되었다. 푸코는 이런 사람을 가두는 관행이 부분적으로는 당시의 경제적 상황에 기인한다고 주장한다. 하지만 그는 이 문제를 단순히 경제적인 문제로만 환원시키지 않고, 경제가 호전된 이후에도 여전히 가난한 사람들이 구금되어 강제 노역을 당했다는 점을 강조한다. 푸코가 "대감호

the great confinement"라고 칭한 이 과정에서 놀라운 부분은 감금된 사람들의 숫자였다. 그의 주장에 따르면, "파리 시 거주자 100명 중 한 명 이상이 수용소에 구금되었다."(Foucault 1999 : 38) 파리에 있는 호피탈 제네랄Hôpital Général에만도 6,000명이 수용되었다고 한다. 이렇게 다양한 집단의 사람들을 감금하게 된 것은 그 사람들에 대한 의학적 치료가 불가능했기 때문도 아니고, 그렇게 구금된 사람들을 치료하려는 목적도 아니었다. 이런 점에 비추어 볼 때, 미친 사람들에게 의학적으로 접근하려 한 것은, 다시 말해서 광기를 정신적 병으로 범주화한 것은 상당히 최근의 일이라고 할 수 있다.

19세기에 이르러 이 수용소들은 오로지 미친 사람만을 가두는 수용소로 전용되었는데, 『광기의 역사』에서 푸코는 이를 다음과 같이 설명한다.

유령이 출몰하는 지리적 장소에서건 도덕 영역의 풍경에서건 정신병원은 나병 환자 수용소를 대체하게 되었다. 파문破門이라는 예전의 의식儀式이 부활되었으나, 이는 예전과는 달리 생산과 상업의 세계 속에서였다. 바로 이 저주받고 무시당한 무위도식의 장소에서, 노동의 율법으로부터 윤리적 선험성을 이끌어내었던 사회가 발명한 바로 그 공간 속에서, 광인들이 나타나 곧 널리 퍼져 게으른 자들을 합병하게 되었다. …… 19세기는 150년 전 가난한 자들과 부랑자들과 실업자를 몰아넣었던 바로 그 땅으로 이제는 광인들만을 오로지 그들만을 가두어야 한다고 합의했고 심지어는 고집하게 되었다.(Foucault 1999 : 57)

대부분의 비평가들은 수용소의 개혁과 환자들에 대한 학대 금지가 이루어진 19세기를 해방의 시기이자 정신병을 앓던 사람들에 대한 처우 개선의 시대로 보고 있다. 이 시기에 들어서면서 예전에는 사슬에 묶여 있던 환자들이 이제 동정심 어린 손길로 보살핌을 받았고, 사람들이 그들의 불평에 귀를 기울이기 시작했으며, 그들을 더 이상 중산계급의 "우스꽝스런 볼거리"로 여기지도 않았기 때문이다. 그러나 푸코는 이런 변화를 단순하게 상황이 호전된 것으로 보아서는 안된다고 주장한다. "정신병원은 더 이상 광인들의 죄를 처벌하지 않았다. …… 하지만 정신병원은 처벌 이상의 것을 시행했다. 정신병원은 죄를 조직화하였다. 그들은 죄를 광인들의 자의식으로 조직화시켰다."(Foucault 1999 : 252) 즉, 다른 어떤 병과도 달리 정신병으로 진단 받는 것 자체가 사회적으로 실패했음을 증명하는 것이며, 따라서 정신병 환자들이 사회적으로 비난받는다 해도 하등 이상할 것이 없었다. 푸코는 다음과 같이 주장한다.

정신병원은 …… 관찰과 진단과 치료를 위한 자유의 공간이 아니다. 그곳은 각 개인이 고발당하고 재판을 받고 유죄판결을 받는 사법적 공간으로, 이곳에 오는 모든 사람은 재판을 통하여 정신적 사형선고를 받은 후에야 비로소 석방될 수 있었다. 이 심리적 사형은 바로 양심의 가책이다. 광기는 정신병원 밖에서는 무죄일지언정, 정신병원 내에서만큼은 단죄의 대상이다. 앞으로 다가올 오랜 시간 동안, 아니면 최소한 우리 시대까지는, 정신병은 도덕적 세계에 갇혀 있게 될 것이다. (Foucault, 재인용 Eribon 1991 : 97)

바로 이런 과정을 거쳐 정신병은 낙인찍히게 되고, 그 결과 심리적 손상이 사회 환경이나 성폭력 혹은 가난과 같은 외부적 문제에서 기인했을지라도 일단 정신병 판결을 받은 사람은 죄를 범한 것으로 여겨지고 비난받게 된다. 어떤 페미니스트 이론가가 주장하듯, "정신 건강 서비스는 …… 사회적 불평등에 의한 고통과 심리적 손상을 '정신병'이라고 낙인찍음으로서 사회질서를 유지하는 데 공헌한다."(Williams et al. 2001 : 98)

마찬가지로, 1980년대 이후 영국에서는 '커뮤니티 속의 보살핌'이라는 명목 하에 정신병 환자들을 병원에서 방출했는데, 이것이 반드시 그 사람들에게 더 유익한 것이었는지 비판적으로 검토해 볼 필요가 있다. 많은 이들에게는 정신병원을 폐쇄하는 것이 혁신적인 발전으로 보일 수도 있다. 하지만 커뮤니티 내에서 그들이 어떻게 살아갈 수 있는지 생각해 봐야 한다. 정신병 환자들은 여관을 전전하거나 노숙을 하며 충분한 보살핌이나 재정적 지원도 받지 못한 채 강제적으로 약을 먹으며 살아갈 수밖에 없을 것이다. 그렇다면 이것이 반드시 그들을 해방시키는 자유주의적 정책이 될 수 있는지 의심해 봐야 한다. 더욱이 우리는 정신병 환자들이 과거에 비해 존중되고 인간적 존엄성을 인정받고 있다고 믿는 경향이 있는데, 푸코는 정말로 그러한지 한 번 더 의심해 보라고 요구한다. 정신병을 의학적으로 치료함으로써 많은 이들의 고통을 덜어 줄 수 있을지는 모르나, 이는 정신병에 부정적인 낙인을 찍고, 궁극적으로는 광기의 '치료'를 전문적인 정신과 의사와 치료사들의 손에 떠넘기는 결과를 가져오게 되었다.

푸코의 도전

앞서 살펴보았듯이, 푸코는 어떻게 특정 유형의 행동이 비정상적인 정신병의 신호로 규정되기 시작하는지 분석한다. 도로시 스미스와 같은 페미니스트 이론가는 정신병과 관련된 논문 「K는 정신병자다K is mentally ill」에서 푸코의 이론을 이용하여 우리가 정신병적인 행동과 그렇지 않은 행동을 구별하는 복잡한 과정을 이론화한다. 스미스는 그녀가 K라고 부르는 한 여성의 친구들이 시간의 흐름에 따라 K의 퇴행적인 행동 방식을 인식해 가는 과정을 분석한다. 서로 간의 대화를 통해 친구들은 K가 정신병에 걸렸다는 판단을 내리고 의사의 상담을 받아 궁극적으로 정신병원에 입원시켜야 한다고 결정한다. 이 논의 과정 속에서 스미스는 K가 정신병자가 아니라고 주장하지는 않는다. 다만 어떤 과정을 통하여 K가 정신병자로 규정되는지에 초점을 맞춘다. 이 과정은 일종의 담론적 과정으로 이를 통해 사람들은 사회규범과 일반 사람들의 행동 방식을 참조함으로써 정상적인 행동과 그렇지 않은 행동을 구별하게 된다.

푸코가 보여 준 것처럼, 비정상적인 행동을 규정하는 관점의 변화는 그에 따른 또 다른 변화를 수반하게 된다. 이전 시대에는 어떤 사람이 비정상적인 행동 방식을 보일 경우 대개 외톨이가 되거나 비생산적인 존재로 낙인찍히는 정도가 전부였다. 그러나 정신병이 의학적 대상이 되면서 비규범적인 행동은 감금이나 강제적 치료의 대상이 되었을 뿐만이 아니라, 또한 정신병에 관한 《페미니스트 리뷰 Feminist Review》 특별호에서 정의한 것처럼 "정신적 고통에 대한 개인적, 탈정치적, 생물학적 이해"의 대상이 되고 말았다. (Alldred et al.

2000 : 1) 즉, 원래는 정서적인 문제에 불과한 것일 수도 있는 것들이 이제는 의학적 개입을 요구하는 정신적 병의 문제로 범주화된 것이다. 일레인 쇼왈터Elaine Showalter와 같은 페미니스트 이론가는 여성의 행동에 제약을 가하던 사회적 인습에 저항했던 여성들이 어떻게 해서 정신병자 취급을 받게 되는지를 잘 보여 주었다.(Showalter 1987) 다시 말해서, 광기와 이성의 구별은 사회적으로 무엇을 규범적인 것으로 규정하느냐에 따라 달라질 수 있으며, 이는 비규범적으로 보이는 모든 행동은 잠재적으로 정신병의 한 종류로 분류될 수 있음을 보여 준다고 할 수 있다.

푸코의 이론을 이용하는 페미니스트 이론가들은 치료를 핑계로 정신적 고통을 앓는 사람에게 약물을 처방하는 것에 문제를 제기한다. 실제로 어떤 페미니스트들은 많은 이들에게 비정상적으로 비쳐질 수 있는 행동양식을 찬양하거나, 최소한 이에 대한 대안적 해석 방식을 찾고자 노력한다. 예컨대, 앞 장에서 언급한 저항적 동일시의 차원에서 페미니스트 이론가이자 운동가인 사샤 클레어 맥킨즈Sasha Claire McInnes는 다음과 같이 기술한다.

오늘, 나의 자아를 회복하면서, 기분이 좋고(조증), 부끄럽고 내성적이 되어 깊은 생각에 빠지며(대인 기피증) 짜증이 나고 화가 나서(월경 증후군) 축 가라앉고 스트레스를 받으며(심적 외상 후 스트레스 장애) 슬프고 우울해지지만(우울증), 극단적인 방종 속에서 열정적이고 기쁘고 외향적이 되어(조증) 남들의 관심을 끌고 싶어지고(경계성 인격 장애) 두려워진다(불안장애). 이런 감정들과 그 밖의 모든 것들이 지금 나에게는 소중하다.

나는 이런 감정들을 원한다. 나는 이 모든 것을 원한다. 나의 두뇌와 마음과 심장을 무감각하게 만드는 합법적 약물로 제공되는 반생반사의 상태보다 내가 선택하고 내가 더욱 소중히 여기는 것은 바로 나의 인간성과 내가 살아 있음을 알려 주는 무질서함이다.(McInnes 2001 : 164)

맥킨즈의 글 속의 화자는 의학자나 정신과 의사에 의해 자신의 행동이 어떻게 진단될지를 정확하게 인식하고 있다. 아마도 의사들은 이런 '증상'이 치료를 요하는 것이라 여길 것이다. 타인에 의하여 물리적·사회적 장애로 분류될 수 있는 이런 행동 방식에 대해서 맥킨즈는 대안적 비전을 제시한다. 즉, 비록 이 행동이 그녀에게 가끔은 고통스러운 것일지라도 그 속에 내재하는 긍정적인 요소를 강조하는 것이다.

광기와 이성의 구별이나 정신병과 같은 것이 사회적인 허구에 지나지 않는다는 푸코의 이론은 적지 않은 사회적 파장을 몰고 왔다. 특히 여성을 정신병적 대상체로 취급하는 남성중심주의에 저항하려는 페미니스트 이론가들뿐만 아니라, 정신적으로 고통을 받으면서 병원에서 정신병자 취급을 받는 사람들에게도 그의 이론은 상당한 영향력을 발휘하였다. 푸코의 이런 도전적인 작업은 본질적으로 인간 개인의 본성에 대한 근본적인 분석이며, 주체 개념을 재정립하려는 시도라고 할 수 있다.

주체의 죽음을 사유하는 철학

섹슈얼리티와 광기에 대한 푸코의 작업이 상징하듯, 그는 『지식의 고고학』과 『말과 사물』을 통하여 전통적인 휴머니즘에 근거한 주체 혹은 자아 개념에 근본적인 질문을 던진다. 이렇게 주체의 본성에 대한 탐구를 탈피하여 주체가 사회적으로 어떻게 구성되는지를 분석함으로써, 푸코는 19세기 인문학의 발전과 더불어 왜 학자들이 인간 Man에 대한 문제로 눈을 돌릴 수밖에 없었는지 고찰한다. 그리고 이 것이 단순한 우연의 일치가 아닌 필연적 결과임을 주장한다. 인터뷰 「비판적 이론/지적 이론」에서 푸코는 다음과 같이 주장한다. "프랑스 과학사를 연구하는 사람들은 과학적 연구의 대상이 어떻게 구성되는지에 대해 본질적인 관심을 가져 왔는데, 나는 이 질문을 이렇게 바꾸어 보고 싶다. 인간 주체가 어떻게 자기 자신을 지식의 대상체로 삼게 되었는가? 어떤 합리성의 형식과 역사적 조건을 통하여? 또 궁극적으로는 어떤 대가를 지불했는가?"(Foucault 1988c : 29/30) 푸코는 인간이 자기 자신을 지식의 대상으로 삼기 시작하는 것 자체가 학문적 발전에 따른 논리적 귀결이라 치부하지 않는다. 오히려 그는 엄밀한 분석을 통하여 인간 주체가 학문적 연구 대상이 된 것이 반드시 긍정적인 것만은 아니라고 주장한다.

푸코는 '인간'이 지식의 대상으로 부상하게 되는 과정을 에피스테메의 전이 과정, 즉 사회가 사물을 개념화하는 방식에 나타난 극적인 변화 과정으로 인식한다. '인간'의 부상은 재현representation의 문제에 심각한 결과를 초래하였는데, 비평가 드레이퍼스와 레비노우는 이를 다음과 같이 설명한다.

재현은 갑작스레 불투명해졌다. 담론이 세계의 근본적 요소에 상응하는 언어적 요소를 지닌 투명한 재현 매체를 제공해 주는 한, 재현은 문제의 대상이 아니었다. 신은 존재의 사슬a chain of being을 이미 배열해 놓았고, 그에 상응하도록 미리 설정된 언어를 알맞게 배열해 주었다. 인간은 우연히 언어적 기호를 사용할 수 있는 능력을 취득하게 되었지만, 합리적 언어를 사용하는 동물로서의 인간은 그에 대한 정의를 바탕으로 그 본성을 쉽게 읽어 낼 수 있는, 그래서 존재의 사슬의 적당한 위치에 손쉽게 배열될 수 있는 그런 존재에 불과하였다. 그 어떤 유한한 존재도 재현을 가능하게 만들어야 할 필요성이 없었다. 즉, 이 존재의 사슬 속에서 재현의 문제를 제기할 수 있는 존재는 아무도 없었다.(Dreyfus and Rabinow 1986 : 27)

『말과 사물』에 따르면, '인간'이 재현의 대상에서 제외되었던 고전주의 시대의 에피스테메에서 '인간'을 분석하고 재현하는 데 초점을 맞춘 에피스테메로의 이행이 일어났다. "고전주의 시대 에피스테메의 일반적 질서 속에서는 자연과 인간 본성, 인간과 자연 간의 관계가 확정적이고 예측 가능한 기능적 계기들이었다. 그리고 복잡한 의미 체계를 가진 일차적 실체로서의, 또한 알기 어려운 대상체이자 모든 가능한 지식에 주권을 행사할 수 있는 주체로서의 인간을 위한 자리는 존재하지 않았다."(Foucault, 재인용 Dreyfus and Rabinow 1986 : 27)

내가 보기에 의학의 발전 과정을 분석하면서 연구 대상으로서의 '인간'의 부상과 관련하여 푸코의 사유가 지니는 가장 큰 호소력은 그가 아주 성공적으로 전통적인 지식 체계를 뒤집었다는 사실에 있다. 즉, 그는 사체死體에 대한 해부와 면밀한 연구가 궁극적으로는 살아 있는 사람의 육체에 대한 의학적 지식의 기초가 되었음을 보여 준다. 의사들은 살아 있는 사람의 외부에 표시되는 증상들을 해석해 내고자 죽은 자의 몸속을 들여다보아야만 했다. 『임상의학의 탄생』에서, 푸코는 해부학의 진정한 가치가 발견되면서 "생명과 질병과 죽음은 이제 기술적이며 개념적인 성삼위일체가 되었다."고 말한다. 그리고 계속해서 다음과 같이 주장한다.

개인에 대한 첫 번째 과학적 담론이 죽음이라는 단계를 통과해야만 했다는 것이 우리의 문화에서 결정적인 사실로 남아 있음은 의심할 여지가 없을 것이다. 서구의 인간은 자기 눈으로 자신을 과학적 연구 대상으로 구성해 내었는데, 그는 자신의 언어로 스스로를 파악했고, 자신에게 스스로 담론적 존재를 부여하였으며, 그 담론적 존재로서의 인간은 자아를 제거함으로써 생겨날 수 있는 빈틈 속에서만 존재할 수 있었다. 비이성 Unreason에 대한 경험에서 심리학 혹은 심리학의 진정한 가능성이 탄생했으며, 죽음을 의학적 사유 속에 통합시킴으로써 약藥이 탄생하게 되는데, 이때 약이란 인간에 대한 학문의 결과라고 할 수 있다.(Foucault, 재인용 Eribon 1991 : 154)

인문학적 대상으로서의 '인간'의 부상에 대한 분석의 연장선상에서, 푸코는 다음과 같이 주장한다. "역사적 구조물 내에서 주체가 구성된다는 사실을 설명하려면 …… 구성하는 주체the constituent subject 의 개념을 떨쳐 내야만 한다."(Foucault 1978 : 35) 즉, 인문과학의 발전 과정을 검토하면서 그가 추구했던 근본적 목표는 존재론적인 것으로서의 주체 개념을 탈피하고 오직 주체를 생산해 내는 담론 과정을 밝혀낼 수 있는 분석 틀을 고안하는 것이라고 할 수 있다. 『임상의학의 탄생』에서 푸코는 인간의 본성을 분석하려 한 노력들을 추적하면서 이렇게 주장한다. "개인이 처음으로 실증적 지식의 대상이 되기 시작한 것은 바로 이런 의학적 담론 속에서이다."(Foucault 1975 : 27) 니체가 선언한 신의 죽음에 빗대어, 푸코는 도전적인 경구를 통해 인간의 죽음을 선언하기에 이른다.

어떤 경우에도 한 가지는 확실하다. 인간은 인문학의 영역에서 제기된 가장 오래된 문제도 아니며 또한 가장 꾸준히 등장한 문제도 아니다. 16세기 이후 유럽 문화라고 하는 제한된 지리적 영역 내에서 비교적 짧은 연대기적 표본을 뽑아 보더라도, 인간은 분명 최근의 발명품이다. 지식이 그토록 오랜 세월 동안 어둠 속에서 배회하던 곳은 인간의 주변이나 그의 비밀이 서려 있는 그런 곳이 아니었다. 우리의 사유 방식에 대한 고고학이 손쉽게 보여 주듯, 인간은 최근의 발명품이다. 그리고 아마도 인간은 그 종말에 다가가고 있는지도 모른다.(Foucault, 재인용 Eribon 1991 : 159)

푸코는 주체 개념에 의존하지 않고 이론을 정립하는 데 그치지 않고, 한 걸음 더 나아가 사회학이나 심리학과 같은 인문학의 영역에서 근래 두드러지고 있는 인간 본성에 대한 집착이 이제 곧 종말을 맞이할 것임을 주장한다. 1966년 한 인터뷰에서 구조주의자들이 설명하고 있는 시스템의 배후에는 무엇이 혹은 누가 존재한다고 생각하느냐는 질문을 받고, 푸코는 다음과 같이 대답했다.

> 주체가 없는 이 익명의 시스템이 무엇이고, 무엇이 생각하느냐고? "나"
> 는 이미 폭파되었다. …… 이것은 "존재하는 것"의 발견이다. 무엇인가가
> 존재한다. 어떤 측면에서는 17세기적 관점으로 회귀한 것처럼 보이지만
> 차이점이 존재한다. 즉, 신이 차지하고 있던 자리에 인간이 아닌 익명의
> 사유 체계를, 주체가 없는 지식을, 정체성이 없는 이론을 가져다 놓은 것
> 이다.(Foucault, 재인용 Eribon 1991 : 161)

푸코는 어떤 사상을 직접 만들어 낸 철학가 자체보다는 무엇이 그
로 하여금 그런 특정한 사고를 하게 만들었는지를 파고든다. 즉, 그
가 밝혀내고자 하는 것은 초개인적인 담론의 과정이지, 결코 각 개
인이 이 추상적인 담론의 영역 내에서 어떻게 자신의 위치를 창출해
내는가 하는 문제가 아니다.

주체의 개념에서 벗어나고자 했던 이 흥미진진한 분석은 많은 여
타 비판적 사고와 상충되는 부분이 많다. 특히 개인과 정체성의 문
제에 천착할 수밖에 없는 우리의 상식적인 사고방식과 대립각을 이
룬다. 푸코는 서구에서 개인의 문제에 집착할 수밖에 없었던 역사
적·사회적 특수성을 고려해 보라고 요구한다. 이 특수성은 개인을
자명한 존재로 만들었던 특수한 담론 구조로 결정되기 때문이다.

결론

푸코는 광기와 이성을 구별하는 방법이 변화하는 과정을 분석하여 정신병이 어떻게 발명되었는지 분석하지만, 결코 개인을 사유의 중심에 두지 않는다. 푸코적인 사유는 사회제도와 정부, 가족과 개인 사이에 작동하는 복종과 저항의 메커니즘을 분석하라고 요구한다. 푸코의 반反정신분석학적 태도는 이론적인 차원에서 보면 상당히 생산적이다. 즉, 주체는 권력관계의 결과로서 나타나는 것으로서 권력관계에 선행하지도 않고 권력의 직접적인 산물도 아니다. 푸코는 심리적 고통을 분석할 수 있는 대안적 시스템을 제시하지 않은 채 정신병을 분석한 유일한 이론가라고 할 수 있다. 어떤 의미에서 푸코에게 자아니 개인이니 하는 개념은 관심의 대상이 아닐뿐더러, 오히려 그것은 주체에 대한 우리의 사유를 제약하는 장애물에 지나지 않는다.

푸코 이후

Michel Foucault

성적에 비해서는 훨씬 좋다. 불명료하게 말하는 습관을 버려야 한다. (푸코의
중학교 생활기록부, 1945, 재인용 Eribon 1991 : 22)

푸코의 평생 작업을 소개하는 개론서로서 이 책이 할 수 있는 일은
그의 이론을 전반적으로 조망할 수 있는 기회를 제공하여 푸코를 이
해하고 활용할 수 있는 방안을 제시하는 것이다. 이번 장에서는 지
금까지 책 전체를 통하여 여기저기에 펼쳐 놓았던 이야기들을 종합
하여 푸코의 이론적 입장이 다른 텍스트나 기타 일반적인 사안을 분
석할 때 어떻게 이용될 수 있는지 생각해 보고자 한다. 그러나 여기
에서 반드시 명심해야 할 것은 그의 이론적 입장이 한 가지가 아니
라는 것이다. 실제로 푸코를 읽었던 많은 사람들이 힘겨워할 수밖에
없었던 이유는, 푸코 본인이 단일하고 체계적인 이론적 입장을 견지
하지 않았기 때문이라고 스스로 고백하기도 했다.(Foucault 1991b) 하
지만 이렇게 하나의 명쾌한 논리로 요약될 수 없는 복잡함이 그의
매력이 아닐까 한다.

푸코 읽기

이 시대의 다른 프랑스 이론가들과 마찬가지로, 푸코의 저작은 쉽게
읽히지 않는다. 여기에는 여러 이유가 있는데, 그중에서도 스타일의
문제와 내용 자체의 어려움을 꼽을 수가 있다. 내용의 측면에서 보

면, 푸코는 독자들이 니체, 하이데거, 헤겔, 마르크스와 같은 철학가들의 사상과 이론을 충분히 숙지하고 있다는 가정 하에서 글을 썼다. 하지만 문제는 이런 철학가들이 유럽 대륙 이외의 독자들에게 꼭 친숙하지만은 않다는 것이다. 또한 푸코는 독자들이 학제 간 경계선을 가로질러 사고할 수 있는 능력이 있다는 전제를 가지고 글을 썼다. 예를 들어, 심리학과 밀접하게 연관된 문제를 역사적 관점이나 철학적 관점에서 사유하길 요구하는 것으로, 전통적인 학문 분과 체계에 익숙한 독자들에게는 어려울 수밖에 없는 노릇이다. 더군다나 그는 이론적으로 체계화된 주제를 다루는 법이 없을뿐더러, 근본적으로 새로운 주제를 접근할 수 있는 방법론을 정립하려 시도했기에 더욱 난해하게 느껴질 수밖에 없다.

글쓰기 스타일의 난해함이라는 차원에서 보면, 푸코의 문장은 당황스러우리만치 문법적으로 매우 복잡한 구조를 가지고 있다. 하지만 이는 그만의 독특한 문제라기보다는 프랑스 철학의 담론 전통, 특히 포스트구조주의 이론의 특징이라고 할 수 있다. 그는 그의 글이 논점이나 스타일이 불명료하다는 비판에 이렇게 답변한다. "내 문체가 인내심의 한계를 느끼게 만든다는 것에 대해 나도 기꺼이 동의한다. 내 단점 중 하나는 본성적으로 명확하지 않다는 것이다."(Fou -cault, 재인용 Eribon 1991 : 84)

이뿐만이 아니다. 그 밖의 많은 문제들로 인하여 그의 글쓰기 스타일과 주장을 풀어 가는 방식은 일반 독자들뿐 아니라 숙련된 독자들마저도 곤혹스럽게 만드는 경향이 있다.

푸코의 방법론 이용하기

어떤 이론들은 현실에 적용하는 것이 그다지 쉽지 않다. 그리고 모든 이론이 언제나 반드시 현실에 적용되어야 한다고 생각하는 것은 올바른 생각이 아니다. 푸코는 "이론은 실천을 표현하거나 번역하거나 적용하는 데 도움을 주는 것이 아니다. 이론은 실천 그 자체이다."라고 말한 적이 있는데, 이는 그가 이론과 분석의 이원론적 구분을 문제시하고 있음을 의미한다. (Foucault, 재인용 Kritzman 1988 : xix)

그러나 일반적으로 우리가 학문적인 차원에서 이론서를 읽을 경우, 이론과 그것의 현실적 사용가치 사이에는 불일치가 있을 수밖에 없다. 푸코의 작업은 분명 많은 이론적 통찰력을 보여 주지만, 이를 어떻게 이용할지를 파악하기란 쉽지 않다. 간혹 독자들은 푸코의 저작에서 전체적인 문맥과는 동떨어진 한 가지 특정 요소만을 이용하기도 한다. 하지만 이는 푸코의 이론을 최악의 형태로 '적용'하는 것이다. 예컨대, 푸코의 글이 마치 현상에 대한 단순 해설인 양 "원형감옥"을 도서관이나 철도역 혹은 슈퍼마켓을 설계할 때 하나의 건축원리로서 이용하거나, 광기와 이성에 대한 구별을 특정한 장르의 글(여성의 글이나 탈식민주의적 글)을 해석하는 데 사용하는 것이다. 대표적인 예로, 어떤 비평가들은 정신병의 구성적 성격에 대한 푸코의 분석과 시대에 따라 변화하는 광기의 구성 요소들을 일일이 설명한 후 푸코와 유사한 방식으로 샬럿 퍼킨스 길먼Charlotte Perkins Gilman의 『노란 벽지The Yellow Paper』(1899)나 켄 키지Ken Kesey의 『뻐꾸기 둥지 위로 날아간 새One Flew Over the Cuckoo's Nest』(1973) 같은 문학 텍스트에서 어떻게 정신병이 구성되는지를 탐색한다.

이런 종류의 분석은 푸코의 이론을 주제의 차원에서 이용하는 것이라 할 수 있다. 하지만 이런 작업들은 푸코의 성과물을 문학 작가들의 작업과 유사한 것으로 축소시킬 우려가 있으며, 동시에 그의 이론을 문학적 탐색에 필요한 촉매제로 전락시킬 위험이 있다. 그리고 이런 주제 차원에서의 접근은 푸코를 이용하는 것이라기보다는 단순하게 푸코의 아이디어를 반복하고 흉내 내는 것에 지나지 않는다. 푸코는 특정한 주제를 설정하고 그에 맞춰 이론을 적용하는 것에는 전혀 관심이 없었다. 그의 목표는 우리의 사유 방식 자체를 문제시하는 것이며, 따라서 푸코를 이용하는 최상의 방식은 사유 방식과 개념 체계에 대한 비판에 집중하는 것이라고 할 수 있다.

분명 푸코의 이론에는 텍스트나 현상을 분석할 수 있는 생산적인 요소들이 존재한다. 또한 푸코가 하나의 체계적인 방법론적 입장을 발전시키지 않았고 또 그런 고정된 이론적 틀을 만드는 것 자체를 비판하기는 했지만, 그래도 여전히 눈여겨볼 만한 방법론적 태도가 있음은 분명하다. 이런 태도나 접근법들을 종합하면 다음과 같이 정리할 수 있을 것이다.

1. 아카이브를 이용하라

푸코의 모든 이론적 작업에는 '아카이브'의 사용이 두드러지게 나타난다. 그는 아주 광범위한 종류의 도서관에서 연구를 수행했는데, 예를 들어 파리에 있는 프랑스 국립도서관을 비롯하여, 스웨덴의 우프살라와 독일 함부르크에 있는 작은 대학 도서관들에 소장된 아카이브를 샅샅이 뒤져 잘 알려지지 않은 텍스트들 속에서 깊이 있는 통찰들을 찾아내었다. 살인자 피에르 리비에르의 고백에 관한 책에서, 이렇게 도서관의 후미진 구석에 박혀 있는 텍스트들을 찾아내어 사용하는 이유를 푸코는 다음과 같이 설명한다.

리비에르 사건과 관련된 문서들 같은 경우는 특수한 종류의 지식(예를 들어, 약학, 정신병학, 심리학)이 사회제도와 주체들 그리고 그들에게 부여된 역할들(예를 들어, 전문가, 피의자, 범죄와 연관된 광기 등과 관련된 법률)과 관련하여 형성되고 작용하는 방식을 철저하게 검토해 볼 수 있는 자료를 제공해 준다. 이런 기록들은 담론이 형성되고 기능하는 권력관계와 지배와 갈등의 구조를 해부할 수 있는 열쇠를 쥐고 있으며, 따라서 담론의 (심지어 과학적 담론의) 잠재적 분석에 필요한 자료를 제공한다. 이 담론 분석은 전술적인tactical 것임과 동시에 정치적인 것이 될 수 있고, 따라서 궁극적으로는 전략적인strategic 것이다. 마지막으로, 이 문서들은 리비에르 사건과 같은 담론에 특징적으로 나타나는 정신착란의 힘을 파악할 수 있는 수단과 함께, 리비에르 담론을 재구성하여 여기에 광인 혹은 범죄자 담론의 지위를 부여할 수 있는 모든 종류의 전술을 제공할 수 있다.(Foucault, 재인용 Eribon 1991 : 236)

학자로서 연구 활동을 하는 내내 푸코는 정전canon과는 전혀 동떨어진 무명의 텍스트들만을 선택하여 분석했는데, 이는 그런 종류의 텍스트들이 풍요로운 분석적 가능성들을 제공해 주었기 때문이다.

푸코는 일반적인 학문적 관심사와 멀리 떨어진 주제를 연구하는 경향이 있는데, 예를 들어 살인자의 고백록이나, 어린이 성추행 사건들에 대한 노트, 어린이의 자위행위에 대한 기록 등과 같은 것이 그러하다. 현재 광범위한 연구 분야의 이론적 작업들은 전통적인 정전 연구에서 좀 더 평범하고 세속적이면서 한시적인 의미만을 갖는 텍스트 분석 쪽으로 이행하는 경향을 보이는데, 이 역시 부분적으로는 푸코의 영향이라 할 수 있다. 푸코가 이토록 다양한 자료들을 분석하는 이유는 특정 시대의 학문적 경향이나 시대정신을 포착해 내고자 함이 아니라, 그 시대에 통용 가능했던 담론의 유형들을 분석하기 위함이라 할 수 있다.

2. **상식을 부정하라**

푸코는 과격하면서도 깊이 있는 회의주의를 주창한다. 스스로 설정한 이 근본적 회의주의의 목적은,

> 광기, 온전함, 병, 범죄와 처벌의 개념 속에 내포되어 있는 자명함과 일상성들을 벗겨 내는 데 도움을 주고, 여러 다른 것들과 함께 특정 어구가 더 이상 가볍게 회자되거나 특정 행위가 더 이상 행해지지 않게 하거나 최소한 아무런 문제의식 없이 행해지는 것을 막고, 사람들이 사물을 인식하고 행할 때 변화를 이끌어 내는 데 공헌하여, 궁극적으로는 필요 이상의 예민함과 관용의 높은 문턱을 제거하는 이 어려운 작업에 동참하는 것이다. (Foucault 1991b : 83)

우리가 처한 물적 토대에 대한 이런 극단적 회의주의는 종종 냉소주의와 혼동되어 푸코의 작업을 이용하려는 이론가들을 당황스럽게

만들기도 한다. 그러나 푸코가 일차적으로 하고자 하는 바는 사물에 대한 섣부른 판단을 유보시키는 것이다. 그는 어떤 사건에 대한 특정 분석이 '옳다'고 가정하여 그 주장을 뒷받침하고자 다른 일련의 '사실'들을 일률적으로 꿰맞추기에 앞서 우리가 서 있는 입장을 더 비판적으로 성찰해 보라고 제안한다.

인문학이나 사회과학, 심지어 스스로 객관적이라고 자부하는 학문의 여러 비판적 입장들 속에는 가치판단의 문제라고 하는 숨겨진 요소가 존재한다. 푸코는 이런 판단의 문제에 대하여 다음과 같이 주장한다.

> 사람들은 놀라우리만치 판단하기를 좋아한다. 판단은 언제 어느 곳에서건 행해지고 있다. 아마도 판단이라는 것은 인류가 할 수 있도록 부여받은 일 중 가장 간단한 것인지도 모른다. 큰 폭탄이 터져 모든 적들이 마침내 한 줌의 재가 되었을지라도, 최후의 생존자는 아마도 다 망가진 책상 뒤편에 앉아 책임자를 문책하는 재판을 시작할 것이라는 것은 너무도 뻔하다. …… 따라서 나는 꿈꾸지 않을 수 없다. 판단을 시도하지 않는 비판에 관하여.(Foucault 1988 : 326)

즉, 현재가 과거보다 우월하다거나 우리가 역사적으로 진보해 왔다고 가정하는 것은 일종의 가치판단이며, 이는 푸코의 사유 틀 내에서는 결코 해서는 안 되는 일 중의 하나이다. 이런 가정들은 때에 따라서는 명시적인 형태로 만들어지기도 하고 때로는 추측의 차원에서 이루어지기도 한다. 대표적인 예를 들어 보자. 유럽에 사는 사람들은 유럽 대륙 외부에 있는 국가들을 "개발도상국가"나 "산업화 이전의" 나라들로 묘사하며 그들의 삶의 모습을 "원시적"이라거나 "단순하다"라고 생각한다. 이런 말들은 세계 모든 국가의 경제 발전 단계가 서구 자본주의 국가 모델에 따라서 발전해야 한다는 생각을 은연중에 전제하고 있는 것이다. 또한 "개발도상"국가들이라는 말 역시이미 "개발된" 상태 혹은 "산업화된" 상태가 기타 다른 형태의 경제발전 상태보다 필연적으로 우월하다는 것을 암시한다. 바로 이런 이유로 푸코는 사회 분석에 임할 때 가치판단을 유보해야 한다고 주장한다.

3. 이차적 판단을 거부하라

켄달과 위컴의 주장에 따르면, "푸코적인 방식의 역사 활용과 연관된 가치판단의 유보는 우리가 스스로 내리지 않는 모든 종류의 가치판단을 유보하는 것이다." 여기에서, 우리가 스스로 내리지 않은 모든 종류의 판단을 이차적 판단second order judgement이라 칭할 수 있다.(Kendall and Wickham 1999 : 13)

두 사람에 따르면, "연구 대상의 어떤 측면이 다른 연구자의 권위에서 파생된 지위를 부여받을 경우(이 지위는 '원인' 혹은 그 밖의 다른이름으로 명명이 될 수 있다.)," 이차적 판단이 우리의 분석 속으로 스며들게 된다.(Kendall and Wickham 1999 : 13) 이렇게 이차적 판단을 구별해 내는 분석을 일종의 메타이론적meta-theoretical, 즉 이론에 관한 이론적 분석이라 할 수 있다. 우리는 자신도 모르는 사이 다른 사람의 이론적 관점을 수용하게 되고, 이로 인해 우리의 주장 속에는 필연적으로 다른 사람의 가치판단이 스며들게 된다. 바로 이런 이차적 판단 요소들을 분석하고 걸러 내는 것이 푸코적인 방식이라 할 수 있으며, 이를 통하여 우리 자신이 의도하지 않은 정치적 주장을 피할 수 있게 된다.

그러나 이것이 아주 탁월한 푸코적 전략이라는 것은 분명하지만, 실제 이런 분석을 수행할 때는 이 분석의 적합성 여부를 한 번 더 질문해 볼 필요가 있다. 왜냐하면 이런 종류의 분석은 자칫 현상에 대한 해석은 하지 않고 분석의 기술만을 설명하거나, 연구자 자신이 수집한 자료에 특수하고 우월적인 지위를 요구하는 것으로 그칠 수 있기 때문이다.

4. 단순화를 거부하라

푸코의 사상에서 가장 중요한 요소 중 하나는 그가 어떤 일이 왜 일어났는지를 단순 명료한 인과관계로 설명하려 하지 않는다는 사실이다. 그는 사회현상이 중층 결정된다고 생각한다. 즉, 한 사건의 근저에는 여러 가능한 원인들이 복수적으로 존재하며, 이런 여러 원인들이 서로 복잡하게 교차하며 사건이 발생하게 된다. 이런 푸코의 눈으로 사회현상을 바라보게 되면, 여러 사회 조건들이 조금만 달랐어도 우리가 지금 분석하고 있는 사건이 아예 일어나지 않거나 전혀 다른 방식으로 전개되었을 수 있음을 깨닫게 된다.

주요한 정치적 변화들은 여러 상이한 정치적/비정치적 사건들의 어울림으로 촉발된다. 예를 들어, 1980년대 닐 키녹Neil Kinnock이 영국 노동당 당수였을 때, 노동당이 선거에 패배했다는 사실에 대해 갖가지 해설이 난무했었다. 당시 언론인들과 정치 분석가들은 여러 이유 중 하나의 요인에만 초점을 맞추었는데, 예컨대 키녹의 레토릭이 시대착오적이었다거나, 그의 경제정책이 중산층의 요구에 부합하지 못했다거나, 노동조합이 노동당과 지나치게 긴밀한 연대를 결성하고 있었다거나 하는 등이었다. 그러나 푸코의 관점에서 보면, 이 여러 원인 중 그 어느 것도 선거 패배의 유일한 근본적 원인은 되지 못한다. 오히려 이 모든 원인들이 제각각 노동당의 패배에 나름대로 기여했다고 볼 수 있다. 따라서 여러 이질적인 요소들을 하나의 특정 결과에 종속시키는 것은 결국 아주 사소한 비정치적인 요소를 결정적인 것인 양 떠드는 것과 별반 다름없다. 즉, 선거 직전에 셰필드에서 열린 노동당 전당 대회에서 키녹이 했던 선동적인 연설이 무슨 이유에서인지 모르지만 항상 선거 패배의 결정적인 요인인 양 지목됐는데, 이것으로 모든 것을 설명하려는 것은 어불성설이라는 것이다.

푸코는 사회현상의 복잡성을 설명하고자 '사건화eventalisation'라는 용어를 사용한다. 이것은

> 역사적 상수常數에 호소하고 싶은 유혹이 있는 곳에서 하나의 특이성 singularity을 등장시킴으로써 …… "세상이 반드시 그런 것만은 아니다"라는 것을 보여 주는 것이다. …… 사건화는 어떤 특정한 역사적 시기에 무엇이 자명하고 보편적이며 필연적인 것으로 여겨지는지의 문제를 결정하는 사건 사이의 연관성, 우연적 만남, 지지, 방해, 세력의 작용, 전략 등을 발견하는 것을 의미한다. 이런 의미에서, 사건화는 원인들을 다변화시키고 복수화시키는 결과를 가져온다. (Foucault 1991b : 76)

연구를 진행할 때 우리는 분명한 원인과 결과를 찾는 일에 너무도 익숙해 있다. 그러나 푸코는 우리에게 어떤 특정 사건이 발생하는 방식을 추적하고 그와 관련된 부수적인 사건들을 검토해 보라고 요구한다. 물론 이런 부수적인 것들이 본 사건의 발전에 영향을 미쳤을 수도 있고 그렇지 않을 수도 있다. 예를 들어, 자본주의를 비판할 때 다른 모든 사건이 자본주의에 의해 결정된다고 주장하기보다는 자본주의를 단지 여러 요인들 중 하나로 보는 것이 더 타당한 것이 된다. 젠더에 관한 연구를 할 경우에도 마찬가지인데, 젠더가 행동 양식의 차이를 유발하는 결정적인 요소라고 보는 경향이 있다. 즉, 남성은 이러저러하게 행동한다고 가정하는 것이다. 그렇지만 푸코적인 관점에서 젠더를 분석하면, 성 정체성은 특정 종류의 행동 양식을 유발시키는 여러 요소 중 하나에 불과하며, 더 나아가 성 정체성은 생식기의 차이가 아닌 실천의 차이에 기인한다고 볼 수도 있다.

결국 푸코의 계보학적 분석이 우리에게 암시하는 바는 어떤 사회적 현상을 단순한 인과관계에 근거하여 해석하는 방식을 지양하고 그에 인접하는 부수적인 요소들을 함께 들여다봄으로써 현재 우리의 사고를 제약하는 인습적 연구 관행을 극복할 필요가 있다는 것이다.

5. 주제에 집착하기보다는 문제의 핵심에 뛰어들어라

푸코의 이론을 이용하고자 그가 연구했던 역사적 시대나 특정 주제를 공부하기 시작하면 푸코의 활용도가 생각보다 그렇게 크지 않다는 것을 금방 느끼게 된다. 하지만 특정 문제에 집중하게 된다면, 다시 말해서 인종적 소수자와 사회제도의 상관관계나 장애자들에 대한 사회적 편견이나 낙인과 같은 사회적 문제점에서 시작한다면, 푸코의 사유 방식은 훨씬 더 큰 통찰력을 제공해 준다.

물론 푸코의 이론이 이런 구체적인 문제에 꼭 필요한 해결책을 제시해 주지 않을 수도 있다. 왜냐하면 그의 방법론은 현상에 대한 해석을 목표로 하지 않기 때문이다. 하지만 푸코가 비록 명시적인 차원에서 문제에 대한 해결책을 제시하지는 않을지라도 그가 연구 대상을 선택하는 방식을 보면 그 속에 이미 어떤 주장이나 해석이 암시되어 있음을 알 수 있다. 예를 들어, 푸코는 여성이나 동성애자 혹은 어린이들의 섹슈얼리티가 사회적으로 회자되는 방식을 연구 대상으로 선택했는데, 이런 선택은 자의적이거나 우연한 것이 아니다. 그 선택 자체에는 이미 푸코 자신의 가치판단과 정치적 입장이 개입되어 있는 것이다.

6. 지나친 일반화를 경계하라

푸코는 특정 텍스트에 대한 분석 결과를 일반화하는 데서 파생될 수 있는 문제점들을 극명하게 인식했던 탓에 다음과 같이 조심스럽게 말한다. "나는 내가 말한 것을 보편화시키려 하지 않는다. 뒤집어 말하면, 내가 말하지 않았다고 해서 중요하지 않다는 뜻이 아니라는 것이다."(Foucault 1991b : 73)

이 문장에서 의도적으로 사용된 다중 부정의 난해성이 지니는 의미를 잘 파악할 필요가 있는데, 어쨌건 이를 통해 푸코가 주장하고자 하는 바는 다음과 같이 정리될 수 있다. 사회적 사건의 복잡성과 중층성을 고려한다면 일반화 자체가 상당히 어려운 것이기는 할지라도 그것이 반드시 그 사건의 세세한 면모에 대한 아주 구체적인 진술 이외에 어떤 말도 해서는 안 된다는 것을 의미하지는 않는다. 일반화는 언제든지 가능하다. 다만 어떤 문화나 특정한 역사적 시대에 대해서 일반화된 진술을 할 경우 세심한 주의를 기울일 필요가 있다. 그럼에도 불구하고 푸코 본인은 특정 역사적 시대의 사회 현실에 대해 일반화를 자주 하는 편이다. 하지만 그의 일반화는 그 시대 문화 전체를 대표하는 것이라기보다는, 그 시대의 특정한 문화적 경향을 드러내는 단초로서 이해할 필요가 있다.

지금까지 제시한 여섯 가지 사항들이 푸코의 방법론에 대한 확정적 지침이 될 수는 없으며, 그렇게 받아들여서도 안 된다. 하지만 이 사항들을 명심하고 있다면 푸코적 분석 방식을 활용할 때 단순하게 푸코의 주제를 반복하는 오류를 범하지는 않을 것이며, 또한 그의 사상에 기대어 연구를 수행하면서도 그에 매몰되지 않고 각자의 관심사에 부합되도록 수정해서 활용할 수 있을 것이다.

푸코의 이론과 문학 분석

이 책을 읽은 많은 문학도들은 심각한 고민에 빠질지도 모르겠다. "그래서 푸코가 문학 분석과 무슨 관계가 있다는 거지?" 어떤 관점에서 보더라도 푸코는 분명 문학 이론가는 아니다. 실제로 필자가 강의한 문학 이론 강좌를 들었던 많은 학생들이 이와 비슷한 질문을 던졌다. "푸코는 철학적이고 추상적인 차원에서는 분명 매력이 있다.

하지만 문학작품을 분석할 때 푸코를 어떻게 이용해야 하는지, 또 어떤 방식으로 그의 이론을 논문에 접목시켜야 하는지는 잘 모르겠다." 필자가 이 책의 전반에 걸쳐 강조했듯, 이에 대한 해답은 상식이나 기성관념에 기대지 않고 문제를 해결하려는 사고방식, 즉 수평적 사고lateral thinking에서 찾을 수 있다.

푸코를 문학작품 분석에 이용할 경우, 무엇보다도 그의 이론을 문학 텍스트 속으로 우겨 넣으려고 해서는 안 된다. 먼저 우리는 푸코의 이론이 문학을 분석할 수 있는 토대를 열어 주었다는 점에 주목해야 한다. 그의 이론이 문학 분석에 유용하게 활용될 수 있는 지점은 메타이론적인 차원이다. 즉, 그의 이론을 문학 텍스트 해석에 직접 적용하려 애쓰기보다는, 그것을 통해 현재 우리가 문학이라고 부르는 사회적 관행이 어떤 방식으로 생산되고 존재하고 있는지를 설명하는 것이다. (대학에서는 어떤 방식으로 교육이 되고, 평론가들은 어떤 문제에 관하여 글을 쓰고, 중산계층이 선호하는 작품은 무엇이고, 또 다른 대중문화와는 어떻게 구별이 되는지 등등) 물론 푸코의 이론을 텍스트의 의미 분석에 적용할 수 있다고 생각하는 사람도 있는 것은 사실이다. 하지만 필자의 관점에서 평가를 내리자면, 그러한 종류의 분석은 푸코의 이론을 분석적으로 이용한다기보다는 유사성의 논리에 근거하여 사용하고 있는 것이다. 부연하자면, 푸코를 텍스트 해석에 직접 적용하는 것은 푸코가 사회현상을 분석하면서 언급했던 내용들이 문학작품 속에서는 어떻게 나타나고 있는지 그리고 푸코의 말과 얼마나 유사하게 묘사되고 있는지를 찾아내는 것에 불과하다.

1. 담론으로서의 문학

푸코의 문학 취향은 그의 음악 취향과 비슷해서 아방가르드적인 작품을 선호하는 편이었다. 그리고 이런 전위적 문학에 대한 그의 글은 상당히 묘사적인 경향이 있다. 어쨌건 그의 이론은 에드워드 사이드와 같은 탈식민주의 비평가들이나 스티븐 그린블랏Stephen Green -blatt과 같은 신역사주의New Historicism 비평가들에 의해서 전용되었으며, 이 비평가들은 문학 텍스트가 다른 비문학적인 텍스트들과는 구별되는 특권적인 지위를 차지한다기보다는 단지 더 큰 담론 구성체의 일부라고 주장했다.(Said 1978 ; 1993)

특히, 사이드는 담론으로서의 문학을 이해하는 데 많은 도움을 준다. 그에 따르면, 우리는 문학 텍스트를 기행문, 과학 논문, 수필 등처럼 이질적인 종류의 텍스트들과 병행해서 읽어야 하며, 그래야만 문학 텍스트를 전체로서의 담론 구성체와 연결시킬 수 있다. 헤이든 화이트Hayden White 같은 역사가들은 역사 텍스트가 문학 텍스트와 똑같은 언어 코드를 공유하고 있다고 주장한다. 즉, 역사와 문학 모두 근본적으로 내러티브에 의존하면서 저자의 초점과 관점을 가지고 있으며, 또한 특정한 역사적 맥락에서 생산된 비슷한 담론의 원자재에 의존할 수밖에 없다는 것이다.(White 1987)

푸코에 영향받은 비평가들은 19세기에 문학이 어떻게 해서 주요한 학문 분과로 부상하게 되었는지를 설명하려 시도했다.(Eagleton 1983) 문학이 연구 대상으로서 처음 대학에 도입되었을 당시, 문학 연구는 종교 연구와의 전략적 제휴를 통하여 권위를 인정받음으로써(즉, 성서 비평과 문학비평의 유사성을 도출해 냄으로써) 문학 연구가 좀 더 과학적인 학문인 양 치장해야 했다. 오늘날의 문학이 진지한 연구 대상이 될 수 있었던 것은 바로 이런 과정을 통해서였다고 말할 수 있다. 문학이 대학의 학문 분과로 성립되는 과정에 대한 이런 분석은 그에 수반되는 여러 다른 문제를 더 세밀히 분석할 것을 요구한다. 이는 신비평New Criticism에서 시작하여 구조주의를 거쳐 포스트구조주의에 이르기까지 문학 이론 분야에서 풍성하게 나타나고 있는 문학에 대한 '과학적' 접근 경향이다. 푸코적인 입장에서 이런 문학비평의 흐름을 분석한다면, 문학비평가나 이론가들이 자신의 사회적/학문적 지위를 공고히 하고자 문학에 특수한 권위를 부여해 가는 과정에 초점을 맞출 것이다.

푸코적 분석은 또한 문학 텍스트가 지니고 있다고 여겨지는 의미의 안정성이나 불가항력성을 문제시할 수도 있다. 예를 들어, 맥건J. McGann은 1818년에 발표된 바이런George Gordon Byron의 장편 서사시 『돈 주앙Don Juan』의 복잡한 출판 역사를 분석했다. 그에 따르면, 『돈 주앙』은 출판도 되기 전에 명예훼손과 신성모독으로 사회적 지탄의 대상이 되는 상황에서 처음에는 저자의 이름도 없이 고가로 시중에 출판되었다가, 그 후 다시 진보적 출판사에 의해 값싼 해적판으로 출판되었다. 이 두 별개의 판본은 서로 다른 독자들에게 읽혀졌고, 그 의미도 다르게 해석되는 결과를 가져왔다. 맥건에 따르면, 이런 출판 역사의 예는

서지학적인 의미에서 똑같은 텍스트의 두 개의 다른 판본이, 언어적으로는 동일한 것임에도 불구하고, (미학적인 의미에서) 전혀 다른 시가 될

수 있음을 설명해 준다. 둘째로, 『돈 주앙』의 예는 문학작품을 인쇄하고 출판하는 방법이 그 작품의 문화적, 미학적 의미에도 거대한 영향을 미칠 수 있음을 증명한다. 마지막으로 이 예를 통해서 우리가 볼 수 있는 것은 예술작품의 본질적 성격은 그 자체의 내적 구조로 결정되는 것이 아니라, 특정 사회 집단의 행위와 연관된 사회적 과정의 결과라는 것이다. (McGann 2001 : 293)

즉, 푸코적인 시각으로 문학에 접근하면, 책의 출판 형식이 그 텍스트에 대한 해석을 변화시킬 수 있음을 밝혀낼 수 있게 된다.

2. 저자

이 책에서 수차례 언급되었듯이, 푸코는 저자의 지위에 의문을 제기한다. 특히 저자를 통하여 일단의 이질적이고 다양한 작품들에 일관성을 부여하거나, 한 사람의 작품들 속에서 사상적 발전의 궤적을 찾아내려는 일련의 경향에 부정적인 자세를 취한다. 전통적인 문학 분석은 종종 텍스트에 대한 이해를 확장시키려는 목적으로 작가의 삶이나 평소의 관심사를 밝히고자 시도한다. 그러나 푸코의 입장에서 보면, 이런 정보들은 본질적으로 작품과는 아무런 연관성이 없다. 그에 따르면, 작가의 전기傳記는 선택적으로 구성될 수밖에 없다. 즉, 전기 작가들은 평생에 걸쳐 일어나는 여러 사건들에 서사적 통일성을 부여하려고 특정 관점에 부합될 수 있는 사건만을 전기에 포함시킨다. 특히 작가의 삶과 연관되어 우리가 알고 있는 정보는 사실상 특정 작품의 해석을 위해 선택적으로 수집된 것이며, 극단적인 경우에는 작품에 근거하여 작가의 삶을 재구성한 것일 수도 있다.

푸코에게 중요한 것은 작가와 텍스트 사이의 직접적 연관성이 아니라, 텍스트 해석에 전기적 정보나 배경 지식을 사용하는 방식이라고 할 수 있다. 푸코는 아마도 작가의 삶과 문학작품의 의미는 별개라고 주장할 것이다. 하지만 푸코에게 저자가 전혀 의미 없는 존재는 아니다. 이는 생물학적인 의미에서의 저자가 아닌 기능적 차원에서의 저자, 즉 저자 기능author-function이다. 저자 기능은 문학 텍스트를 분석할 때, 저자의 역할을 수행하도록 고안된 일종의 기능적 인물이라고 할 수 있다.

3. 창조성과 독창성

전통적인 문학비평은 문학이 글쓰기에서 최고의 창조적 영역이라고 전제한다. 이와 대조적으로 포스트구조주의 이론가들, 특히 푸코는 문학이 다른 종류의 담론과 크게 다를 것이 없다고 주장한다. 다른 글과 마찬가지로 문학은 각 시대에 따른 규범화된 표현법을 가지고 있으며, 이와 아울러 장르와 형식이 존재한다. 따라서 푸코의 관심을 끄는 것은 작가의 창조성이 아니다. 중요한 것은 문학 텍스트에 반복적으로 나타나는 요소들로서, 이것들은 다른 텍스트들과의 연관성 속에서 생산될 뿐만 아니라 다른 많은 텍스트에도 반복적으로 등장하는 것들이다.

물론 작가가 창조적이 않다는 것은 아니다. 만약 창조적 가능성이 작가들이 원하는 무엇이든 다 표현 가능한 것임을 의미한다면, 사실상 작가들은 거의 침묵을 지키고 있는 것이나 다름없으며, 설령 말을 한다고 하더라도 그 범위가 극히 제한되어 있다. 푸코적인 분석은 문학적 담론의 구조적 특징에 초점을 맞추는데, 여기서 구조적 특징이라 함은 화자의 목소리, 스타일, 장르 등의 차원에서 유사한 특질들을 반복적으로 생산해 내는 것을 의미한다.

4. 해석과 평론

『광기의 역사』 개정판 서문에서 푸코는 다음과 같은 주장을 펼친다. 한 권의 책이 출판되면,

> 그 순간부터 그 책은 끊임없는 반복의 유희 속에 휘말리게 되고, 그것의 유령들이 득실거리기 시작한다. 책에 대한 각각의 해석은 그 주변을 어슬렁거리기도 하고 그로부터 멀리 떨어져 나가기도 하지만 잠시 동안이나마 이를 통하여 그 책은 인지하기 어려운 독특한 몸체를 부여받게 된다. 책의 파편들이 떠돌아다니며 그를 대신하거나 거의 전적으로 그를 통제하기도 하고, 때로는 그의 피난처가 되어 주기도 한다. 책은 평론과 함께 자기 복제를 한다. 평론은 또 다른 종류의 담론으로 이를 통해 책은 마침내 자신의 모습 그대로 세상에 나타나, 무엇을 말해서는 안 되는지 자백함과 동시에 자신이 가장假裝해 왔던 모습에서 제 자신을 해방시킨다.(Foucault, 재인용 Eribon 1991 : 124)

푸코는 광기에 대한 자기 책이 대중들에게 예상치 못한 놀라운 호응을 얻은 후 의도적으로 이 서문을 포함시켰다. 그는 자기 책이 반정신병학 운동의 구호로 사용되리라 생각지도 못했으며, 대학교 밖

에서 폭넓게 읽히리라 기대하지도 않았다. 그렇지만 앞에 인용된 푸코의 글은 텍스트에 대한 해석이 저자의 의도에 구속받을 수 없음을 잘 요약하고 있다. 일단 완성되어 출판되는 순간 책은 저자의 통제권에서 벗어나 독자의 손에 넘어가게 되고, 독자는 그 책을 자신의 뜻대로 해석할 수 있는 권리를 갖는다. 따라서 푸코의 저작은 텍스트 속에서 저자의 의도를 찾아내려는 분석 방식에 대한 비판이라고 할 수 있다.

문학 텍스트와 관련된 푸코의 또 다른 관심사는 3장에서 언급된 바 있는 평론의 역할과 관련된다. 평론은 텍스트에 대한 비판적 평가 혹은 해석이라 할 수 있다. 푸코에 따르면, 셰익스피어와 같은 특정 텍스트들은 비평가들의 꾸준한 관심과 평론의 대상이 되어 왔으며, 이 평론들은 셰익스피어가 끊임없이 세인들의 입에 오르내리도록 함으로써 평론가에게도 일정한 지위를 보장하게 되었다. 이런 텍스트들은 출판사에 의해 계속해서 인쇄되고, 따라서 언제나 더 많은 평론을 받게 된다. 최근 들어, 비평의 관심이 영국 흑인과 여성 작가들에게 집중되면서 출판사들은 이 작가들의 책을 출판하기 시작했다. 문학 정전이란 가장 많은 수의 평론을 받은 작품을 의미한다. 문학을 연구하는 학자들은 정전이라 일컬어지는 작품을 연구하도록 권고받게 되고, 또한 그런 텍스트를 연구함으로서 비평가로서의 명성을 얻게 된다. 따라서 푸코적인 관점에서 문학을 연구하게 될 경우, 문학 텍스트 자체에 대한 분석보다는 출판사가 책을 출판하고 정전을 형성해 가는 과정 속에서 문학비평이 수행하는 역할에 초점을 맞추게 된다.

5. 역사적 분석

1980년대 이후로 발전하기 시작한 신역사주의New Historicism는 다른 어떤 비평 이론보다 푸코에 직접적으로 영향을 받은 이론으로, 푸코의 사상을 문학 연구에 적용하려 한 것이라 할 수 있다. 푸코는 역사적 방법론과 분석 틀을 자신의 철학적 작업에 결합시켰는데, 이를 바탕으로 문학 연구자들은 그의 역사적 방법론을 문학에 적용하려 시도하였다.

전통적으로 문학 분석은 텍스트를 역사적 맥락 위에 위치시킴으로써 방대한 양의 역사적 정보들을 직접적으로 사용해 왔다. 하지만 이런 작업은 일반적으로 역사적 상황을 묘사하는 데 그치고, 여기에 사용된 역사적 정보들은 문학 텍스트 속에 존재하는 특정 주제를 설명하고자 부수적으로 사용되는 정도였다. 푸코의 작업은 역사적 분석이 얼마나 즐거운 작업인지를 잘 보여 줌과 동시에, 문학작품을 이해하는 수단으로 사료史料들을 이용하기보다는 권력관계라든가 섹슈얼리티 같은 주제에 초점을 맞추어 문학작품을 역사 속으로 끌어들인다. 신역사주의 이론에서 특히 핵심적인 역할을 하는 것은 푸코의 권력 이론인데, 비평가 필립 라이스Philip Rice와 퍼트리샤 워Patricia Waugh는 이를 다음과 같이 설명한다.

그의 글이 일관되게 표현하는 바는 소위 역사에 대한 객관적인 설명이라고 하는 것이 특정 제도 내에서 형성된 지식을 통하여 발현되는 권력의 지의 산물이라는 것이다. 그의 "역사"는 포괄적인 내러티브를 제공하는 "총체적 이론"의 유혹에 저항하며, 그 대신 그런 객관적 역사 설명으로 배제되거나 그에 의해 생산된 "타자"들에 주의를 기울인다.(Rice and Waugh 2001 : 253-254)

스티븐 그린블랏과 같은 신역사주의자들은 푸코가 했던 철학적 분석 작업을 자신들의 역사적 분석에도 똑같이 적용할 수 있으리라 생각했는데, 즉 그들은 장르와 출처가 서로 다른 텍스트들을 병치시켜 문학 텍스트를 조명함으로써, "문화적 대상체가 역사의 여러 부수적인 사건들 속에 삽입되어 있는 방식"을 분석하려 시도한다.(Greenblatt 2001 : 308)

낸시 암스트롱Nancy Armstrong과 로런스 테넌하우스Lawrence Tennen -house가 품행에 관한 책자에 관하여 편집한 논문집인 『품행의 이데올로기The Ideology of Conduct』(1987)는 푸코적인 사유 방식에 그 모티브를 두고 있다. 이에 따르면, "품행conduct에 관련된 책자와 문학이라고 알려진 글쓰기 행위conduct는 똑같은 역사를 공유하고 있다. 특히 여성들을 위해 씌어진 문학과 품행에 관한 책자들은 모두 욕망의 역사의 핵심적 부분임과 동시에 도구적인 성격을 띤다."(Armstrong and Tennenhouse 1987 : 1) 암스트롱과 테넌하우스의 입장에서 보면, 담론의 맥락 안에서 텍스트를 분석하고 다른 텍스트와의 연관성을 고찰해야만 그 텍스트에 대한 더 완전한 역사적 설명을 제공할 수 있게 된다.

이들의 작업이 푸코와 다른 부분이 있다면, 그것은 개인 행위 주체와 자아에 대한 강조라고 할 수 있다. 예를 들어 그린블랏에 따르면, 신역사주의의 연구 대상은 추상적 우주가 아니라 "특정한 부수적

228

인 사건들과, 주어진 문화의 생성적 법칙과 갈등에 따라 형성되거나 행동을 하는 자아들이다."(Greenblatt 2001 : 308) 그럼에도 불구하고, 신역사주의자들의 행위 주체에 대한 관심은 행위 주체 자체가 제한적인 것일 수밖에 없다는 푸코의 주장을 상당히 수용함으로써 희석된다. 그린블랏은 다음과 같이 주장한다. "하나인 것처럼 보이는 행동은 결국은 복합적인 것으로 드러나고, 개인의 천재적 힘은 결국 집단적이고 사회적인 에너지와 함께 작용하는 것임이 드러난다. 정치적 반항자의 특징은 좀 더 큰 법적 정당화의 과정을 성취하고자 하는 것인 반면, 사물에 질서를 부여하려는 시도는 궁극적으로 질서를 전복시키게 된다."(Greenblatt 2001 : 308) 즉, 신역사주의자들은 문학 텍스트를 전체로서의 문화적 맥락 안에서 작동하고 있는 특정 담론적 과정의 외적 표현으로서 파악한다.

푸코의 한계 지점들

책 전체를 통해 필자가 특히 신경 썼던 부분은 푸코에게 우리가 믿고 따라야 할 위대한 스승의 지위를 부여하기보다는 그 역시 여러 문제점을 안고 있는 일개 사상가였음을 강조하는 것이었다. 푸코는 자신의 단점을 이미 파악하고 있었던 것 같다. 그런 까닭에 그는 우리가 혹시 찾아낼지도 모르는 바로 그 문제 지점에 몰래 매복해 있다가 우리의 공격을 사전에 차단하는 능력이 있었으며, 바로 이것이 그가 이론가로서 지닌 매력이라 할 수 있다. 그러나 앞 장에서 이미 지적했듯이, 그의 이론은 완전히 체계화된 방법론을 발전시키지 않은 탓에 그에 따른 문제점들을 노정하고 있다. 그런데 푸코의 사상이 완벽한 통일성을 갖춘 분석 틀이 아니라 그저 몇몇 기발한 측면을 가진 아이디어의 집합체에 불과함에도 불구하고, 왜 그의 이론이 여타 다른 이론보다 더 많은 사람들의 주목을 끄는 것일까?

만일 그의 이론이 유행의 측면을 가지고 있다면, 이는 사람들이 그를 무비판적으로 사용하고 있음을 의미한다. 그의 글쓰기에서 가끔 나타나는 무차별적인 일반화와 그의 추종자들이 자행하는 무비판적 모방 역시 커다란 문제점으로 지적되고 있다. 예를 들어, 프랑스 영화 감독 장 뤽 고다르Jean-Luc Gordard는 빈정거리는 투로 "고명하신 푸코 신부님"과 같은 사람들의 관점을 비판하는 영화를 만들어 보고 싶다고 말한 적이 있다. 그에 따르면, "푸코 신부님"은 "'이러저런 시대의 사람들은 이렇게 저렇게 생각했다'고 단언한다. 물론 그렇게 말할 수 있다. 하지만 어떻게 그렇게 확신할 수 있는가? 바로 이 때문에 우리가 영화를 만들려는 것이다. 즉, 미래에 있을지도 모르는 여러 명의 푸코들이 세상에 대해서 그런 식으로 쉽게 말하지 못하도록 말이다."(Gordard, 재인용 Eribon 1991 : 156)

또한 푸코가 역사 자료를 사용하는 방식에 대해서도 여러 역사학자들이 비판해 왔다. 역사학자들은 그가 사료에 대해 취하는 중립적인 태도를 못마땅하게 여겼다. 특히 정치적인 관점이 분명한 학자들은 그의 태도에 심각한 문제가 있다고 지적한다. 예를 들어, 푸코와 여러 번 충돌했던 프랑스 철학자 장 폴 사르트르는 그의 고고학적 분석을 다음과 같이 비판한다.

고고학자란 모름지기 사라진 문명의 흔적을 연구하는 사람을 말한다. ······ 푸코가 우리에게 보여 주고 있는 것은 ······ 우리의 땅이 몇 겹의 지층으로 이루어졌는지를 연구하는 지질학이다. 각각의 지층들은 특정 시대에 어떤 유형의 사고방식이 가능한지 그 토대를 규정지어 줄 수 있다. 그러나 푸코는 우리에게 가장 재미있는 부분을 말해 주지 않는다. 즉, 각각의 사고 체계가 이런 토대 위에서 어떻게 구성되었는지, 혹은 우리 인류가 하나의 사고 체계에서 다른 사고 체계로 어떻게 이행하게 되었는지를 설명해 주지 않는다. 이런 것을 하고자 한다면, 그는 실천의 영역, 즉 역사의 영역으로 들어와야만 하는데, 바로 이것을 그가 거부하고 있다.(Sartre, 재인용 Eribon 1991 : 163)

푸코의 이론 속에 내재된 외형적 몰역사주의와 정치적 분석의 결여에 대한 비판은 주로 사르트르와 같은 좌파들의 비판에 특징적으로 나타난다.

푸코의 분석은 그것이 남성적 경험에 집중되어 있다는 점에서 남성중심주의적이라 할 수 있는데, 이는 페미니스트 이론가들에게 문제가 되지 않을 수 없는 부분이다. 그러나 그의 권력관계 분석이 지니는 생산적인 성격이 워낙 강해서, 많은 페미니스트들은 그의 이론을 폐기하기보다는 수정 보완하여 사용하는 편이다. 그럼에도 불구하고, 앞에서도 언급했듯이 그의 분석 틀에 단순하게 여성을 추가하는 것만으로는 부족하다. 어떤 의미에서는 그의 남성중심주의 자체에 대한 분석이 선행되고, 그 후에 수정된 분석 틀을 발전시킬 필요가 있다. 그리고 이 분석틀은 여성에 대한 분석과 동떨어진 남성에 대한 분석에 초점을 맞추어서는 안 되며, 또한 남성의 행동이나 관심사에 대한 분석이 인간 문화 전체에 대한 분석으로 확장될 수 있다고 가정해서도 안 된다. 푸코의 성차별적 요소는 그가 연구를 수행했던 문화적 환경으로 결정되었다고 볼 수 있지만, 21세기에 그의 이론을 이용하고자 할 때는 그의 사유 체계 속에 내재된 젠더 문제를 반드시 언급해야 할 것이다.

푸코의 권력 개념 역시 여러 이론가들을 불편하게 만든다. 그가 억압보다는 저항의 가능성을 강조한다는 것이 중요하긴 하지만, 그는 저항 자체를 권력관계의 한 부분으로서 파악하기 때문에 억압적 정권에 저항하는 사람들의 주체적 행동 능력을 부정한다. 어떤 이들은 지나치게 권력에만 초점을 맞출 경우 모든 문화 현상을 권력관계의 반복으로 환원시킬 수 있다고 주장한다. 로버트 캐스텔Robert Castel이 대표적인 경우로, 그는 『광기의 역사』를 비판하는데 왜냐하면 "이론적 우회의 폭과 상황 분석의 섬세함은 몇 가지 단순화된 공식의 언저리에서 끝나 버리고, 그의 주장은 그의 아류들에 의하여 반복될 뿐이기 때문이다. 즉, 언제 어디서든 억압과 폭력과 자의성과 감금과 경찰의 통제와 분리와 배제만이 존재할 뿐이다."(Castel, 재인용 Eribon 1991 : 126) 따라서 푸코가 명시적으로는 억압적 전제들에서 탈피할 것임을 밝혔음에도 불구하고, 여러 비평가들의 눈에는 그의 이론이 실제로는 억압의 지도를 그릴 뿐 권력의 생산적 메커니즘은 도외시하는 것처럼 보이기도 한다.

푸코의 이론은 또한 광기의 개념을 해체하고자 하는 탓에 정신과 의사들에게서도 비판받는다. 그의 작업은 광기 자체가 사회적 구성

물임을 암시하고 있기 때문에 반정신병학 운동에 굉장히 유용하게 사용되었다. 그러나 그의 이론이 정신질환으로 고생하는 사람들에게 정신병에 대한 약물치료의 역사를 알려 줄 수는 있어도, 그런 지식 자체가 정신병을 치료할 수 있는 대안을 제공해 주지는 못한다. 특히 푸코는 심리요법에 대해서도 마찬가지로 회의적인 입장을 취하고 있고, 대화를 통한 심리 치료를 단순히 고해성사의 한 형태라고 생각한다. 따라서 광기에 대한 그의 비판은 생산적인 면이 있기는 하지만 정신병의 물질적 성격을 지워 버림으로써 심각한 문제를 일으킬 수도 있다.

푸코의 이론 속에 내재된 좀 더 심층적인 문제는 그의 담론 분석에서 찾아볼 수 있다. 그의 비담론적인 것에 대한 논의는 상당히 모호한 측면이 있는데, 그는 모든 것이 담론으로 구성된다고 주장하면서도 여전히 비담론적인 요소가 존재한다고 주장한다. 또한 푸코의 사유 방식을 이용하고자 하는 사람이라면 반드시 언급해야할 또 다른 근본적인 문제가 있는데, 이에 대해 배리 스마트는 다음과 같은 질문을 던진다. "고고학자가 진리와 의미의 문제를 회피할 수 있는가? 정확한 (즉, '진실한') 설명 혹은 해석과 왜곡된 것 사이의 구별이 전혀 불필요한 것인가?"(Smart 1985 : 54)

특히 푸코가 취하고 있다고 여겨지는 중립적 입장은 그가 단순 인과관계에 의한 현상 설명을 거부하면서도 은연중에 그런 개념을 자신의 주장 속에 도입하고 있다는 사실을 왜곡시킬 가능성이 있다. 인과관계에 의한 설명이 과거를 단순화한다는 푸코의 주장 역시 받아들이기 힘들다. 과거의 여러 요소들이 조직화되어 있다는 사실은 그 자체로 현재의 현상에 대한 (비록 임의적인 것일지라도) 한 가지 설명이나 이야기를 구성할 수밖에 없기 때문이다. 예를 들어, 『광기의 역사』에서 푸코는 18세기의 경제적인 문제가 가난한 자들과 광인들을 감금하게 되는 추동력이었음을 암시하고 있다.(Foucault 1991a) 즉, 푸코는 경제와 사회현상 간의 단순한 인과관계를 설정하고 있는 것이다. 또한 이 책의 다른 부분에 가면 푸코가 묘사하고 있는 현상을 독자들이 인과관계 개념에 의존하지 않고 어떻게 이해할 수 있는지 의심하지 않을 수 없게 된다. 이와 관련하여 도넬리는 다음과 같이 주장한다. "그는 아이러니하게도 근원을 통해 설명하려는 위험에 다가서고 있다. 마치 하나의 사물을 이해하려면 그것의 태생적 기원을 알아야 하며, 따라서 발전 과정에 있는 열쇠 혹은 맹아를 밝혀내야만 하는 것처럼 보인다. 하지만 계보학이 수정하고자 했던 오류가 바로 이것이었다."(Donnelly 1986 : 25)

그러나 많은 이론가들은 푸코의 이론 속에 내재된 이런 많은 문제점을 단점으로 보기보다는 일종의 이론적 디딤돌로 이해하려고 노력해 왔다. 이는 그의 이론을 더 발전시킴으로써 그가 글을 쓴 이후 끊임없이 변화해 온 세상을 더 적절히 설명하려는 시도라고 할 수 있다. 우리는 푸코가 당면 문제에 대한 간명한 해결책을 제시해 줄 수 있으리라 상상해서는 안 된다. 다만 그의 접근법과 방법론을 통해서 우리 자신의 해결책을 만들어 갈 수는 있을 것이다.

요약하자면, 푸코의 분석 방법을 사용할 때 우리가 채택할 수 있는 몇 개의 이론적 입장이 존재한다. 물론 이 모든 특수한 입장들이 다 유용할 수는 없다. 하지만 이런 식으로 각각의 입장을 개별화시킴으로써 푸코의 사상을 사회현상이나 텍스트 분석에 사용할 수 있을 것이다. 푸코를 이용할 때 종종 직면하게 되는 한 가지 문제는 그가 사용한 이미지나 주제 혹은 상징에 의존하거나 그의 글을 아주 길게 인용하지만 결국에는 더 이상 어떤 말도 할 수 없는 지경에 이르게 된다는 것이다. 중요한 것은 푸코를 읽을 때도 푸코의 방법론을 적용하는 것이다. 다시 말해서, 푸코의 가치를 의심하라! 때로는 과감한, 때로는 정당화될 수 없는 그의 일반화 논리를 절대 수용하지 말라! 그가 진리를 말하고 있다고 가정하지 말라!

푸코의 모든 것

■ 미셸 푸코의 저작

여기에서는 푸코의 저작들이 처음 출판된 순서대로 정리하여 그의 출판 역사를 한눈에 볼 수 있는 기회를 갖고자 한다. 푸코의 모든 저작은 프랑스어로 출판되었으나, 여기에서는 좀 더 접근하기 용이한 영어 번역본을 중심으로 정리했다. 먼저 프랑스에서 최초로 출판된 연도를 〔 〕로 표시하고, 그외 자세한 내용은 영어 번역본을 중심으로 표기했다.(영어 번역본이 없는 경우, 프랑스어 원전의 자료만을 기록했다.)

일반적으로, 유명한 이론가들의 책을 직접 접하기 전에 해설서 한 두 권 정도를 읽어 보는 것이 좋다. 푸코의 경우 드레이퍼스와 레비노우의 책을 권할 만한데, 이들은 책의 한 장을 할애해서 푸코의 주요 저작들에 대한 설명과 함께 전체적인 푸코의 사상과 연관하여 각 저작에 접근할 수 있는 틀을 제공해 준다.(Dreyfus and Rabinow 1982) 푸코의 인터뷰 자료들은 다른 저작들에 비해 훨씬 더 소화하기가 쉬운 편이다. 따라서 본격적인 이론서를 읽기 전에 이런 인터뷰 자료들을 먼저 보는 것도 도움이 될 것이다.(인터뷰와 논문 모음집으로는 다음의 책을 보는 것이 좋다 : Bouchard 1977, Morris and Patton 1979, Kritzman 1988)

그리고 한 가지 더 조언한다면, 푸코를 읽을 때 비교적 쉽게 읽을 수 있는 것에서 시작해서 어려운 것으로 나아가는 것이 좋다. 예컨대 『성의 역사 : 제1권』은 특히 쉽게 씌어져서 푸코를 처음 시작할 때 보는 텍스트로 추천할 만하다. 푸코의 논문 선집 중에서 폴 레비노우가 편집한 『푸코 선집 *The Foucault Reader*』과 콜린 고든Colin Gordon이 편집한 『권력/지식 *Power/Knowledge*』(1980)

도 유용한 책으로, 본격적인 공부를 시작하기 전에 한 번 정도 훑어봄으로써 푸코의 어느 책이 자신에게 도움이 될지 결정하는 것도 좋을 것이다. 하지만 일정 단계에 이르면, 푸코의 주요 저작인『지식의 고고학』(1994/1972),『말과 사물』(1970/1966),『광기의 역사』(1999/1967),『감시와 처벌』(1991/1975) 등을 꼭 읽어 보는 것이 좋다.

• 저서

Foucault, M. 〔1961〕(1967) *Madness and Civilisation : A History of Insanity in the Age of Reason,* (Trans. R. Howard), New York : Pantheon.(한국어판 :『광기의 역사』, 이규현 옮김, 나남, 2003)

비교적 읽기 쉬운 책으로 서구 사회에서 광기와 이성을 구별하는 방식을 논했다. 각 시대별로 광기를 정의하는 방식의 변화를 아주 명쾌하게 분석한다. 가장 쉽고 재미있는 부분은 첫 번째 장으로 나병 환자를 위해 세워진 병원이 수용소로 발전하는 과정을 다루고 있고, 그 다음은 두 번째 장으로 여기에서는 17세기 프랑스에서 가난이나 광기를 이유로 많은 사람들이 감금되었던 대감호Great Confinement 사건을 분석한다. 제5장인「광기의 양상」은 광기가 사회적 맥락에 따라서 다르게 표출되는 방식을 흥미진진하게 분석하고 있다.

_____ 〔1962〕(1986) *Raymond Roussel,* Paris : Gallimard.(『레이몽 루셀』)

프랑스 초현실주의 시인 레이몽 루셀의 작품을 분석한 글로, 찰스 루아스 Charles Ruas가『죽음과 미로Death and the Labyrinth』(NY : Douleday)라는 제목으로 영역본을 출판했다. 루셀 전문가라면 읽어 볼 만하다.

_____ 〔1963〕(1973) *The Birth of the Clinic : An Archaeology of Medical Perception*, (trans. A.M. Sheridan Smith), New York : Pantheon.(한국어판 : 『임상 의학의 탄생』, 홍성민 옮김, 이매진, 2006))

푸코의 사상적 발전에 관심 있는 독자들에게는 필수적인 책이기는 하나, 의학 분야의 전문가가 아니라면 이해하기 쉽지 않다. 다만 책의 서문에 18세기 히스테리 환자의 "치료법"에 대한 경이적인 묘사가 담겨 있는데, 이에 따르면 환자를 10개월 동안 매일 10시간씩 욕조에 들어가 있도록 했다고 한다. 광기와 이성이 오랜 기간에 걸쳐 개념화되는 방식을 분석한 『광기의 역사』와 달리, 이 책은 18세기 후반에만 초점을 맞추고 의학적 담론과 사회제도 사이의 관계를 전문적인 용어로 분석했다.

_____ 〔1966〕(1973) *The Order of Things : An Archaeology of the Human Sciences*, (trans. A. Sheridan), London : Tavistock.(한국어판 : 『말과 사물』, 민음사, 1986)

푸코의 책에서 늘 볼 수 있듯이, 이 책도 상당히 재미있는 삽화로 시작한다. 소설가 호세 루이 보르헤스Jose-Luis Borges의 중국 백과사전에 대한 묘사로, 이 백과사전은 동물을 여러 범주로 분류한다. a) 황제에 속하는 동물, b) 미라로 만든 동물, c) 길들여진 동물, d) 젖을 빠는 돼지, e) 사이렌과의 양서류 동물, f) 전설 속의 동물, 마지막으로 n) 멀리서 보면 파리처럼 보이는 동물. 이런 이국적인 분류 체계가 이 책의 밑바탕에 깔려 있는 추동 원리로서, 이것의 목적은 독자들로 하여금 각 시대별로 지식이 조직화되는 방식을 비판적으로 조망해 보게 하는 것이다. 이 책은 여러 학문 분야에서 지식이 조직화되는 방식들 간의 유사성을 다루고 있는 탓에 상당히 난해한 편이기는 하지만 실례들을 많이 포함하고 있어서 읽을 만한 편이다.

_____ [1969] (1972) *The Archaeology of Knowledge*, (trans. A.M. Sheridan Smith), New York : Pantheon. (한국어판 : 『지식의 고고학』, 이정우 옮김, 민음사, 2000)

가장 난해한 책 중 하나이다. 여기에서 그는 불연속성 개념을 사용함으로써 파생될 수 있는 이론적 문제를 다루고 있다. 즉, 역사의 과정 속에 갑작스런 단절이 존재한다는 것으로 이를 통하여 정치권력이나 사상, 지식을 조직화하는 방식 등이 급격하게 변화한다. 이 책을 통해서 푸코는 담론 구성체 개념을 체계화하고, 담론이 발생하고 통제되는 방식을 설명한다. 그리고 아카이브와 언술의 구성 및어 고고학적 방법론을 상세하게 설명하고 있다.

_____ [1973] (1978) *I, Pierre Riviere, Having Killed My Mother, My Sister and My Brother*, Paris : Gallimard. (『나, 피에르 리비에르』)

이 책은 19세기 프랑스 농민으로 자신의 가족 세 명을 살해한 혐의로 기소된 피에르 리비에르라는 청년의 회고록으로, 푸코의 짧은 논문 한 편과 자신이 설립한 연구 모임의 회원들이 작성한 여섯 편의 논문을 포함하고 있다. 연구 모임은 리비에르의 고백과 함께 당대의 의사, 정신병 학자, 신문 기사, 편지, 법정 기록문 등을 분석하고자 결성되었다. 푸코적 분석이 텍스트 분석에 적용될 수 있는 방식을 잘 소개해 준다.

_____ [1975] (1977) *Discipline and Punishment : The Birth of the Prison*, New York : Pantheon. (한국어판 : 『감시와 처벌』, 나남, 2003)

여기에서 주요 분석 대상은 범죄자에 대한 처벌 방식의 역사적 변화이다. 과거에는 범죄자로 여겨졌던 사람들을 공개적으로 고문하고 창자를 꺼내며 낙인을 찍는 의식을 치렀으나, 근대적인 훈육 사회로 접어들면서 범죄자들을 감옥이나 정신병원에 감금하게 되었다. 푸코는 범죄자를 다루는 방식의 변화가 반드시 진보를 의미한다고 생각하지 않고, 오히려 범죄자의 감금을 비판적으로 고려해 봐야 한다고 주장한다. 18세기의 고문 방식을 다루는 첫 두 장은 읽는 것 자체가 무시무시하게 느껴지지만 현대의 훈육 방식을 비판적으로 성찰하기에 효과적이라 할 수 있다. 훈육에 관한 세 번째 장은 아주 잘 읽히며, 심문에 관한 장은 깊은 통찰력을 보여 준다.

_____ [1976] (1978) *The History of Sexuality, Vol. I An Introduction*, (trans. Robert Hurley), New York : Pantheon. (한국어판 : 『성의 역사, 제1권 : 앎의 의지』, 이규현 옮김, 나남, 2004)

푸코의 책 중 가장 쉽게 읽을 수 있는 책이다. 상당히 평이한 문체로 기술되었으며, 어린이의 자위행위와 동성애 그리고 여성의 히스테리 등 광범위한 예들을 사용하여 섹슈얼리티 및 우리가 섹슈얼리티와 억압을 생각하는 방식을 설명하고 있다. 이 책은 다른 그 어느 책에서보다 권력관계와 권력이 작동하는 방식에 대한 푸코의 사상이 잘 드러나 있다. 책 자체가 아주 얇고 상대적으로 읽기 쉬워서 푸코 공부를 시작하기에 적당한 책이다.

_____ [1984] (1985) *The History of Sexuality, Vol. II : The Use of Pleasure*, (trans. Robert Hurley), New York : Pantheon. (한국어판 : 『성의 역사, 제2권 : 쾌락의 활용』, 문경자 · 신은경 옮김, 나남, 2004)

『성의 역사』 2권과 3권을 통해서 푸코는 새로운 윤리 모델을 세워보고자 시도한 듯하다. 이 책은 성적 욕망의 역사를 다루기보다는 푸코 스스로 "자아의 해석학"이라고 부르는 것에 초점을 맞추고 있는데, 고대 그리스 사회에서 성적 쾌락과 이것이 불러일으켰던 도덕적 문제 사이의 관계를 분석한다. 고대 그리스·로마 사회의 성적 관행과 도덕적 코드에 대한 이런 관심은 많은 독자들에게는 낯설게 보일 수도 있지만, "존재의 미학"에 대한 푸코의 일반적 관심은 현대의 문화 분석에도 상당히 적절하게 이용될 수 있다.

_____ 〔1984〕(1986) *The History of Sexuality, Vol. III : The Care of the Self*, (trans. Robert Hurley), New York : Pantheon.(한국어판 :『성의 역사, 제3권 : 자기에의 배려』, 이영목 옮김, 나남, 2004)

이 책의 부제가 "자기에의 배려"이기는 하지만, 이보다는 자아와 타자 사이의 상호 관계가 중심적인 문제라고 할 수 있다. 실제로, 이 책은 타인들이 자기 자신을 위해 어떤 배려를 하는지를 분석한다. 1권에 비해 비평가들의 인용이 적은 편이기는 하지만, 모스(Moss 1998)의 저서와 같은 몇 권의 책들은 『성의 역사』 마지막 두 권에 대한 심도 있는 분석을 보여 준다.

• 논문 및 인터뷰

푸코의 소논문과 인터뷰는 그 수가 너무 많아서 여기에 다 일일이 열거하고 설명하기는 불가능하다. 그의 전체 논문과 인터뷰 목록은 www.theory. org.uk를 참조하면 좋다. 특히 이 사이트는 꽤 유용한 평론들과 연관 사이트의 목록이 포함되어 있다. 푸코 학자 웹사이트(www.thefoucauldian. co.uk)에도 방대한 자료 목록이 수록되어 있다. 전체 저술 목록을 가장 잘 정리한 웹사이트는 www.nakayama.org/polylogos/philosophers/foucault/index-e.html를 들 수 있다.

몇몇의 논문들과 인터뷰는 반드시 읽어 볼 필요가 있는데, 이런 자료들은 몇 가지 중요한 영어 논문 선집에 수록되어 있다. 다음의 책들은 꼭 읽어 볼 것을 권장한다.

Foucault, M. (1977) *Michel Foucault : Language, Counter-Memory, Practice : Selected Essays and Interviews*, (ed. D. Bouchard, trans. D. Bouchard and S. Smith), Oxford : Blackwell.(『미셸 푸코 : 언어, 반기억, 실천』)

_____ (1980) *Power/Knowledge : Selected Interviews and Other Writings 1972-1977*, (ed. C. Gordon), Brighton : Harvester.(『권력/지식』)

1972년에서 1977년 사이 푸코의 논문, 인터뷰, 강연 등을 수록한 책으로, 여기에서 가장 주목할 만한 인터뷰는 「민중의 정의에 관하여On Popular Justice」라고 할 수 있는데, 여기에서 그는 권력에 대한 자신의 생각을 명확하게 설명하고 있다. 그리고 「권력의 눈The Eye of Power」 역시 눈여겨볼 만한데, 이 인터뷰에서 그는 원형 감옥을 상세하게 설명해 준다. 이 책에 수록된 논문과 인터뷰에서 제기된 많은 문제들이 더 전문적이고 깊이 있는 문제로 주요 저서에서 재차 논의되고 있기 때문에, 푸코 입문서로서 아주 적당하다.

_____ (1984) *The Foucault Reader*, (ed. P. Rabinow), Harmondsworth : Penguin.(『푸코 선집』)

이 책에는 푸코의 중요 논문이 많이 수록되어 있는데, 「저자란 무엇인가?What Is an Author?」와 「니체, 계보학, 역사Nietzsche, Genealogy, History」를 비롯하여 『말과 사물』 및 『권력/지식』의 중요한 부분들이 선별 수록되어 있다.

이 책에 인용된 모든 인터뷰와 논문은 참고문헌 부분을 참조하기 바란다.

■ 미셸 푸코에 관한 저작

Couzens Hoy, D. (ed.) (1986) *Foucault : A Critical Reader*, Oxford : Blackwell. (『푸코』)

이 논집은 푸코의 이론 속에 내재된 광범위한 쟁점들을 심도 있게 다룬다. 예를 들어 사료를 다루는 방식, 정치적 입장, 전통적 철학과의 관계 등이 여기에 포함된다. 여기에 실린 논문들이 대부분 난해하기는 하지만, 푸코와 관련하여 분명한 비판적 입장을 취하고 있기 때문에 푸코를 생산적으로 반추해 볼 수 있는 기회를 제공한다.

Diamond, I. and Quinby, L. (eds) (1988) *Feminism and Foucault : Reflections on Resistance*, Boston : North Eastern University Press. (『페미니즘과 푸코 : 저항에 대한 성찰』)

뛰어난 논문 선집으로, 수록된 논문이 모두 권력과 몸에 관한 푸코의 사상이 지니는 생산적인 측면을 페미니즘 이론과 연관하여 분석하고 있다. 논문들이 전반적으로 잘 읽히는 편이며, 다른 분야에도 쉽게 적용될 수 있을 정도의 설득력을 지니고 있다. 특히 식욕부진과 여성의 문제에 관한 논문들은 숙독할 만하다.

Dreyfus, H. and Rabinow, P. (1982) *Michel Foucault : Beyond Structuralism and Hermeneutics*, Brighton : Harvester.(『미셸 푸코 : 구조주의와 해석학을 넘어서』)
푸코의 사상을 다룬 심도 있으면서도 이해하기 쉬운 입문서라고 할 수 있다. 이 책은 푸코의 사상적 발전을 이해할 수 있는 틀을 제공하기 때문에 그의 저작들을 직접 접하기 전에 꼭 한 번 읽어 보라고 권하고 싶다. 특히 푸코의 지적 발전을 단계 별로 추적·정리하면서도 그의 이론을 지나치게 단순화시키지도 않는다는 장점이 있다.

Kendall, G. and Wickham, G. (1999) *Using Foucault's Methods*, London : Sage. (『푸코의 방법론』)
편집자들의 제자들이 작성한 산발적 논평들로 구성되어 있어서 아주 짜증스러운 부분이 있기는 하지만, 푸코의 사상을 적용하는 방법을 배우는 데는 알맞은 (하지만 약간은 규격화된) 책이라고 할 수 있다. 다양한 연습 문제들이 수록되어 있는데, 그중 몇 개는 푸코를 적용하는 방법을 배우기에 좋은 연습거리가 된다. 물론 그렇지 못한 것도 더러 포함되어 있다.

Kritzman, L. (ed.)(1988) *Michel Foucault : Politics, Philosphy, Culture : Interviews and Other Writings, 1977-1984*, London : Routledge.(『미셸 푸코 : 정치학, 철학, 문화』)
편집자가 직접 쓴 서문을 포함하여 「최소강령의 자아The Minimalist Self」, 「비판적 이론/지적 이론Critical Theory/Intellectual Theory」, 「권력과 성Power and Sex」, 「이란 : 정신이 부재하는 세계의 정신Iran : The Spirit of a World without Spirit」 등 중요한 인터뷰가 수록되어 있다. 「위험한 개인The Dangerous Individual」이라는 푸코의 논문도 수록되어 있는데, 재판을 받고 있거나 정신병자 취급을 받는 범죄자의 자백과 지식의 역할을 다루고 있다. 이 책은 구하기 쉽지 않은 푸코의 인터뷰 다수를 포함하고 있고, 인터뷰가 주요 저서들보다는 훨씬 더 쉬우면서도 중요 쟁점들에 대한 해설을 포함하고 있다는 점에서 아주 훌륭한 개론서라고 할 수 있다.

Macdonnell, D. (1986) *Theories of Discourse*, Oxford : Blackwell.(『담론의 이론』)

이 책은 푸코의 담론 이론을 페쇠M. Pecheux, 볼시노프, 바흐친, 알튀세, 힌드스Hindess와 허스트Hirst 등 다른 사상가들의 이론과 비교한다. 푸코뿐만 아니라 그와 대비되는 사상가들의 이론을 일목요연하게 정리해 주기 때문에 아주 유용하다.

Macey, D. (1994) *The Lives of Michel Foucault*, London : Verso.(『푸코의 삶과 사상』)

푸코의 삶과 사상을 심도 깊고 아름다운 문체로 서술했을뿐더러 연구의 깊이가 남다른 책이다. 푸코의 여러 다른 사회적 자아personae의 관점에서 그의 삶과 사상에 접근할 수 있는 개론서로서 읽기에 아주 편하다는 장점이 있다.

Mills, S. (1997) *Discourse*, London : Routledege.(『담론』)

푸코의 담론 개념을 다른 담론 이론가들의 작업과 비교 분석한 책이다.

Morris, M. and Patton, P. (1979) *Michel Foucault : Power/Truth/Strategy*, Sydney : Feral Publication.(『미셀 푸코 : 권력/진리/전략』)

푸코와의 인터뷰를 비롯하여 저자와 다른 비평가들의 논문을 수록한 책이다. 상당히 초기에 발표된 논문들이기는 하지만 높은 수준의 이론적 성찰을 보여 주고 있으며, 특히 저자인 모리스와 패튼의 글은 정독할 가치가 있다.

Smart, B. (1985) *Michel Foucault*, London : Tavistock.(『미셸 푸코』)
....
아주 쉬운 개론서로 푸코의 주요 저작들을 다루고 있다. 특히 상당량의 발
췌문을 해설과 함께 싣고 있다.

■ 미셸 푸코와 관련한 인터넷 자료

푸코와 관련된 인터넷 사이트는 상당수 있으며, 대부분의 사이트는 구글
google 같은 검색 엔진을 사용하면 찾을 수 있다. 그러나 대부분의 사이트가
기본적인 개념과 관련된 자료들만을 올려놓았다. 다음은 그중에서도 유용한
사이트라고 할 수 있다.

www.theory.org.uk/foucault
....
푸코의 사상에 대한 소개 및 저작 목록과 더불어서 다른 푸코 관련 사이트
에 대한 링크가 포함되어 있다. 아마도 푸코 관련 사이트 중에는 최고의 사
이트가 아닐까 한다.

www.thefoucauldian.co.uk
....
푸코의 저작뿐 아니라 푸코 관련 도서 목록을 자주 업데이트해 준다. 특히
초보자들을 위한 FQA를 운영하고 있다.

www.nakayama.org/polylogos/philosophers/foucault/index-e.html

마이클 카스켄스가 정리한 푸코의 저작과 인터뷰 목록이 올려져 있으며, 여러 학자들이 쓴 다수의 전자 논문이 게재되어 있다.

www.excite.co.uk/directory/society/philosophers/foucault-info

푸코의 저작과 생애에 대한 정보와 함께 다른 관련 사이트의 링크를 제공해 준다. 특히 푸코 저작의 발췌문을 다운받을 수도 있다.

Alldred, A., Crowley, H. and Rupal, R. (2000) 'Introduction', *Feminist Review* 68 pp. 1-5.

Althusser, L. (1984) *Essays on Ideology*, London : Verso.

Armstrong, N. and Tennenhouse, L. (eds) (1987) *The Ideology of Conduct : Essays in Literature and the History of Sexuality*, London : Methuen.

Barrett, R. (1997) 'The homo-genius speech community', in A. Livia and K. Hall (eds), *Queerly Phrased : Language Gender and Sexuality*, Oxford and New York : Oxford University Press, pp. 181-201.

Barthes, R. (f. pub. 1968, 1991) 'The death of the author', in P. Rice and P. Waugh (eds), *Modern Literary Theory : A Reader*, London : Edward Arnold, pp. 109-122.

Bartky, S. (1998) 'Foucault, femininity and the modernisation of patriarchal power', in I. Diamond and L. Quinby (eds), *Feminism and Foucault : Reflections of Resistance*, Boston : North Eastern University Press, pp. 60-85.

Beevor, A. (1999) *Stalingrad*, Harmondsworth : Penguin.

Bell, D., Binnie, J., Cream, J. and Valentine, G. (1994) 'All hyped up and no place to go', *Gender, Place and Culture* 1/1 pp. 31-47.

Bhabha, H. (ed.) (1994) *The Location of Culture*, London : Routledge.

Bondi, L. and Burman, E. (2001) 'Women and mental health', *Feminist Review* 68 pp. 6-33.

Bordo, S. (1989) 'Anorexia nervosa : psychopathology as the crystallisation of culture', in I. Diamond and L. Quinby (eds), *Feminism and Foucault : Reflections of Resistance*, Boston, North Eastern University Press, pp. 98-114.

Bouchard, D. (ed.) (1977) *Michel Foucault : Language, Counter-memory, Practice : Selected Essays and Interviews*, (trans. D. Bouchard and S. Smith), Oxford : Blackwell.

Bourdieu, P., Johnson, J.,Ferguson, P. P. (trans.), Emanuel, S.(trans.) and Accardo, S. (eds) (1999) *The Weight of the World : Social Suffering in*

Contemporary Society, London : Polity.

Brown, H., Gilkes, M. and Kaloski-Naylor, A. (eds) (1999) *White? Wome n : Critical Perspectives on Race and Gender*, York : Raw Nerve Books.

Burchell, G., Gordon, C. and Miller, P. (eds) (1991) *The Foucault Effect : Studies in Governmentality*, Chicago : University of Chicago Press.

Burton, D. (1982) 'Through glass darkly, through dark glasses', in R. Carter (ed.), *Language and Literature*, London : Allen and Unwin, pp. 195-214.

Butler, J. (1990) *Gender Trouble : Feminism and the Subversion of Identity*, London : Routledge.

_____ (1993) *Bodies that Matter : On the Discursive Limits of Sex*, London : Routledge.

Clayton, D. (2000) *Islands of Truth : The Imperial Fashioning of Vancouver Island*, Vancouver : UBC Press.

Crawford, M. (1995) *Talking Difference : On Gender and Language*, London : Sage.

Culler, J. (1975) *Structuralist Poetics : Structuralism, Linguistics and the Study of Literature*, London : Routledge and Kegan Paul.

Darwin, C. (1859/1968) *On the Origin of Species*, ed. J. W. Burrow, Harmondsworth : Penguin.

Davis, L. (1983) *Factual Fictions : The Origins of the English Novel*, New Yor k : Columbia University Press.

Donnelly, M. (1986) 'Foucault's genealogy of the human sciences', in M. Gane (ed.), *Towards a Critique of Foucault*, London : Routledge Kegan and Paul, pp. 15-32.

Dreyfus, H. and Rabinow, P. (eds) (1986) *Michel Foucault : Beyond Structuralism and Hermeneutics*, Hemel Hempstead : Harvester Wheatsheaf.

Dumm, T. (1996) *Michel Foucault and the Politics of Freedom*, London : Sage.

Eagleton, T. (1983) *Literary Theory : An Introduction*, Oxford : Blackwell.

Eribon, D. (1991) *Michel Foucault*, (trans. Betsy Wing), Cambridge, MA : Harvard University Press.

Foster, S. and Mills, S. (2002) *Women's Travel Writing : An Anthology*, Manchester, Manchester University Press.

Foucault, M. (1962) *Raymond Roussel*, Paris : Gallimard.

_____ (1970) *The Order of Things : An Archaeology of the Human Sciences*, London : Tavistock.

_____ (1972) *The Archaeology of Knowledge*, (trans. A. M. Sheridan Smith), London : Routledge.

_____ (1973) *Moi, Pierre Rivière, ayant égorgé ma mére, ma soeur et monfrère*, Paris : Gallimard.

_____ (1975) *The Birth of the Clinic*, New York : Vintage.

_____ (1977a) 'The political function of the intellectual', *Radical Philosophy* 17 pp. 12-14.

_____ (1978) *The History of Sexuality, Vol. I : An Introduction*, (trans. Robert Hurley), Harmondsworth : Penguin.

_____ (1979a) 'Truth and power', interview with Fontano and Pasquino, in M. Morris and P. Patton (eds), *Michel Foucault : Power/Truth/Strategy*, Sydney : Feral Publications, pp. 29-48.

_____ (1979b) 'Powers and strategies', interview with Revoltes Logiques collective, in M. Morris and P. Patton (eds), *Michel Foucault : Power/Truth/Strategy*, Sydney : Feral Publications, pp. 48-58.

_____ (1979c) 'Interview with Lucette Finas', in M. Morris and P. Patton (eds), *Michel Foucault : Power/Truth/Strategy*, Sydney : Feral Publications, pp. 67-75.

_____ (1979d) 'The Life of infamous men', in M. Morris and P. Patton (eds), *Michel Foucault : Power/Truth/Strategy*, Sydney : Feral Publications, pp. 76-91.

_____ (1980a) 'Two lectures', in C. Gordon (ed.), *Power/Knowledge*, Brighton : Harvester, pp. 80-105.

_____ (1980b) 'Truth and power', in C. Gordon (ed.), *Power/Knowledge*, Brighton : Harvester, pp. 107-133.

_____ (1980c) 'On popular justice', interview with Pierre Victor, in C. Gordon (ed.), *Power/Knowledge*, Brighton : Harvester, pp. 1-36.

_____ (1980d) 'Prison talk', in C. Gordon (ed.), *Power/Knowledge*, Brighton : Harvester, pp. 37-52.

_____ (1980e) 'The history of sexuality', in C. Gordon (ed.), *Power/Knowledge*, Brighton : Harvester, pp. 184-191.

_____ (1980f) 'The eye of power', in C. Gordon (ed.), *Power/Knowledge*, Brighton : Harvester, pp. 147-165.

_____ (1981) 'The order of discourse', in R. Young (ed.), *Untying the Text : A Post-structuralist Reader*, London : Routledge, Kegan and Paul, pp. 48-79.

_____ (1982) 'The subject and power', in H. Dreyfus and P. Rabinow (eds), *Michel Foucault : Beyond Structuralism and Hermeneutics*, Brighton : Harvester, pp. 208-226.

_____ (1985) *The History of Sexuality, Vol. II : The Use of Pleasure*, (trans. Robert Hurley), Harmondsworth : Penguin.

_____ (1986) *The History of Sexuality, Vol III : /The Care of the Self*, London : Allen Lane/Penguin.

_____ (1986a) 'What is an author', in P. Rabinow (ed.), *The Foucault Reader*, Harmondsworth : Peregrine, pp. 101-123.

_____ (1986b) 'Nietzsche, genealogy, history', in P. Rabinow (ed.), *The Foucault Reader*, Harmondsworth : Peregrine, pp. 76-100.

_____ (1986c) 'We "other Victorians"', in P. Rabinow (ed.), *The Foucault Reader*, Harmondsworth : Peregrine, pp. 292-300.

_____ (1986d) 'The repressive hypothesis', in P. Rabinow (ed.), *The Foucault Reader*, Harmondsworth : Peregrine, pp. 301-329.

_____ (1988a) 'The Masked Philosopher', in L. Kritzman (ed.), *Michel Foucault : Politics, Philosophy, Culture : Interviews and Other Writings, 1977-1984*, London : Routledge, pp. 323-330.

_____ (1988b) 'The minimalist self', interview with Stephen Riggins, in L. Kritzman (ed.), *Michel Foucault : Politics, Philosophy, Culture : Interviews and Other Writings, 1977-1984*, London : Routledge, pp. 1-19.

_____ (1988c) 'Critical theory/intellectual theory', interview with Gerard Raulet, in L. Kritzman (ed.), *Michel Foucault : Politics, Philosophy, Culture : Interviews and Other Writings, 1977-1984*, London : Routledge, pp. 20-47.

_____ (1988d) 'Power and sex : discussion with Bernard-Henri Levy', in L. Kritzman (ed.), *Michel Foucault : Politics, Philosophy, Culture : Interviews and Other Writings, 1977-1984*, London : Routledge, pp. 110-124.

_____ (1988e) 'The dangerous individual', in L. Kritzman (ed.), *Michel Foucault : Politics, Philosophy, Culture : Interviews and Other Writings, 1977-1984*,

254

London : Routledge, pp. 125-151.

_____ (1988f) 'Iran : the spirit of a world without spirit', in L. Kritzman (ed.), *Michel Foucault : Politics, Philosophy, Culture : Interviews and Other Writings, 1977-1984*, London : Routledge, pp. 211-224.

_____ (1991a) *Discipline and Punish : The Birth of the Prison*, Harmondsworth : Penguin.

_____ (1991b) 'Questions of method', in Burchell, G., Gordon, C. and Miller, P. (eds), *The Foucault Effect : Studies in Governmentality*, Chicago : University of Chicago Press.

_____ (1991c) 'Governmentality', in Burchell, G., Gordon, C. and Miller, P. (eds), *The Foucault Effect : Studies in Governmentality*, Chicago : University of Chicago Press, pp. 85-103.

_____ (1999) *Madness and Civilisation : A History of Insanity in the Age of Reason*, London : Routledge.

Gane, M. (1986) 'Introduction', in M. Gane (ed.), *Towards a Critique of Foucault*, London : Routledge, Kegan and Paul, pp. 1-15.

Gavey, N. (1993) 'Technologies and effects of heterosexual coercion', in S. Wilkinson and C. Kitzinger (eds), *Heterosexuality : A Feminism and Psychology Reader*, London : Sage, pp. 93-119.

Gilman, C. (1899/1973) *The Yellow Wallpaper*, London : Virago.

Gordon, C. (1991) 'Governmental rationality : an introduction', in G. Burchell, C. Gordon and P. Miller (eds), *The Foucault Effect : Studies in Governmentality*, Chicago : Chicago University Press, pp. 1-51.

Grant, L. (1994) 'Sex and the single student : the story of date rape', in S. Dunant (ed.), *The War of the Words : The Political Correctness Debate*, London : Virago, pp. 76-96.

Greenblatt, S. (2001/1990) 'Resonance and wonder', in P. Rice and P. Waugh (eds), *Modern Literary Theory*, 4th edn, London : Arnold, pp. 305-324.

Guha, R. (1994) *Elementary Aspects of Peasant Insurgency in Colonial India*, Oxford : Oxford University Press.

Guha, R. and Spivak, G. (1988) *Selected Subaltern Studies*, Oxford and New York : Oxford University Press.

Harman, C. (1998) *The Fire Last Time : 1968 and After*, London : Bookmarks.

Jefferson, A. (1991) 'Structuralism and post-structuralism', in A. Jefferson and D. Robey (eds), *Modern Literary Theory : A Comparative Introduction*, London : Batsford, pp. 92-122.

Kendall, G. and Wickham, G. (1999) *Using Foucault's Methods*, London : Sage.

Kesey, K. (1973) *One Flew Over the Cuckoo's Nest*, London : Pan.

Laclau, E. and Mouffe, C. (1985) *Hegemony and Socialist Strategy*, London : Verso.

Leap, W. (1997) 'Performative affect in three Gay English texts', in A. Livia and K. Hall (eds), *Queerly Phrased : Language, Gender and Sexuality*, Oxford and New York : Oxford University Press, pp. 310-325.

Macey, D. (1994) *The Lives of Michel Foucault*, London : Vintage.

McClintock, A. (1995) *Imperial Leather : Race, Gender and Sexuality in the Imperial contest*, London : Routledge.

McGann, J. (2001/1985) 'The text, the poem and the problem of historical method', in P. Rice and P. Waugh (eds), *Modern Literary Theory : A Reader*, 4th edn, London : Arnold, pp. 289-305.

McInnes, S. (2001) 'The political is personal : or why have a revolution (from within or without) when you can have soma?', in *Feminist Review*, 68 pp. 160-180.

McNay, L. (1992) *Foucault and Feminism*, London : Polity, pp. 160-180.

Mills, S. (1991) *Discourses of Difference : An Analysis of Women's Travel Writing and Colonialism*, London : Routledge.

_____ (1997) *Discourse*, London, Routledge.

_____ (2003) *Gender and Politeness*, Cambridge : Cambridge University Press.

Minson, J. (1986) 'Strategies for socialists? Foucault's conception of power', in M. Gane (ed.), *Towards a Critique of Foucault*, London : Routledge, Kegan and Paul, pp. 106-148.

Morgan, P. (2002) 'Tales from the tabloids', *Socialist Review*, January, pp. 8-10.

Morris, M. (1979) 'The pirate's fiancée', in M. Morris and P. Patton (eds),

Michel Foucault : Power/Truth/Strategy, Sydney : Feral Publications, pp. 148-168.

Morris, M. and Patton, P. (eds) *Michel Foucault : Power/Truth/Strategy*, Sydney : Feral Publications.

Moss, J. (ed.) (1998) The Later Foucault, London : Sage.

Murphy, L. (1997) 'The elusive bisexual : social categorisation and lexico-semantic change', in A. Livia and K. Hall (eds), *Queerly Phrased: Language Gender and Sexuality*, Oxford and New York : Oxford University Press, pp. 35-57.

Patton, P. (1979) 'Of power and prisons', in M. Morris and P. Patton (eds), *Michel Foucault : Power/Truth/Strategy*, Sydney : Feral Publications, pp. 109-146.

Poster, M. (1984) *Foucault, Marxism and History*, London : Polity.

Pratt, M. (1992) *Imperial Eyes : Travel Writing and Transculturation*, London : Routledge.

Queen R. (1997) 'I don't speak Spritch : locating lesbian language', in A. Livia and K. Hall (eds), *Queerly Phrased : Language, Gender and Sexuality*, London : Routledge, pp. 233-242.

Rabinow, P. (ed.) (1986) *The Foucault Reader*, Harmondsworth : Peregrine.

Rice, P. and Waugh, P. (eds) (2001) Modern Literary Theory, 4th edn, London : Arnold.

Rivkin, J. and Ryan, M. (eds) (1999) *Literary Theory : An Anthology*, Oxford : Blackwell.

Said, E. (1978) *Orientalism*, London : Routledge and Kegan Paul.

_____ (1993) *Culture and Imperialism*, London : Chatto and Windus.

Salih, S. (2002) *Judith Butler*, London : Routledge.

Sawicki, J. (1998) 'Feminism, Foucault, and "subjects" of power and freedom', in J. Moss (ed.), *The Later Foucault*, London : Sage, pp. 92-107.

Scott, J. (1990) *Domination and the Arts of Resistance : Hidden Transcripts*, New Haven and London : Yale University Press.

Sheridan, A. (1980) *Michel Foucault : The Will to Truth*, London : Tavistock.

Showalter, E. (1987) *The Female Malady : Women Madness and English Culture*, London : Virago.

Skeggs, B. (1997) *Formations of Class and Gender : Becoming Respectable*, London : Sage.

Smart, B. (1985) *Michel Foucault*, London : Tavistock.

Smith, D. (1990) 'K is mentally ill', in *Texts, Facts and Femininity : Exploring the Relations of Ruling*, London : Routledge.

Taylor, C. (1986) 'Foucault on freedom and truth', in D. Couzens Hoy (ed.), *Foucault : A Critical Reader*, Oxford. Blackwell, pp. 69-103.

Thornborrow, J. (2002) *Power Talk : Language and Interaction in Institutional Discourse*, Harlow : Pearson.

Walzer, M. (1986) 'The politics of Michel Foucault', in D. Couzens Hoy (ed.), *Foucault : A Critical Reader, Oxford : Blackwell*, pp. 51-69.

Wex, M. (1979) *Let's Take Back Our Space : Female and Male Body Language as a Result of Patriarchal Structures*, Berlin : Frauenliteraturverlag Hermine Fees.

White, H. (1987) 'The value of narrativity in the representaion of reality', in P. Rice and P. Waugh (eds), *Modern Literary Theory : A Reader*, 4th edn, London : Arnold, pp. 265-272.

Wickham, G. (1986) 'Power and power analysis : beyond Foucault?', in M. Gane (ed.) *Towards a Critique of Foucault*, London : Routledge, Kegan and Paul, pp. 149-179.

Wilkinson, S. and Kitzinger, C. (eds) (1993) *Heterosexuality : A Feminism and Psychology Reader*, London : Sage.

Williams, J., Scott, S., and Waterhouse, S. (2001) 'Mental health services for "difficult" women', *Feminist Review* 68 pp. 89-104.

Young, I. (1989) 'Throwing like a girl : a phenomenology of feminine bodily comportment, motility and spatiality', in J. Allen and I. Young (eds), *The Thinking Muse : Feminism and Modern French Philosophy*, Bloomington : Indiana University Press, pp. 51-70.

Young, R. (ed.) (1981) *Untying the Text : A Post-structuralist Reader*, London : Routledge, Kegan and Paul.

■ 찾아보기

현재의 역사가 미셸 푸코

2008년 11월 1일 초판 1쇄 발행
2016년 2월 29일 4쇄 발행

지은이 | 사라 밀스
옮긴이 | 임경규
펴낸이 | 노경인 김주영

펴낸곳 | 도서출판 앨피
출판등록 | 2004년 11월 23일 제2011-000087호
주소 | 서울시 영등포구 영등포로5길 19 동아프라임밸리 1202-1호
전화 | (02)336-2776 팩스 | 0505-115-0525
전자우편 | lpbook12@naver.com
홈페이지 | www.lpbook.co.kr

ⓒ 앨피

ISBN 978-89-92151-22-1